大明圣人王阳明

1472—1529

南洲 —— 著

孔學堂書局

图书在版编目（CIP）数据

大明圣人：王阳明 / 南洲著. -- 贵阳：孔学堂书
局，2025.3. -- ISBN 978-7-80770-639-7

Ⅰ．B248.2

中国国家版本馆CIP数据核字第2024J1T911号

大明圣人：王阳明　南洲　著
DAMING SHENGREN：WANGYANGMING

责任编辑：黄文华　练　军

责任印制：张　莹

出版发行：贵州日报当代融媒体集团
　　　　　孔学堂书局

地　　址：贵阳市乌当区大坡路26号

印　　刷：三河市刚利印务有限公司

开　　本：787mm×1092mm　1/16

字　　数：232千字

印　　张：16

版　　次：2025年3月第1版

印　　次：2025年3月第1次

书　　号：ISBN 978-7-80770-639-7

定　　价：49.90元

图书若有质量问题，请拨打以下电话进行调换。

电话：010-59625116

前 言

"王"者归来

那些天，芦荻丛中战鼓响，鄱阳湖尾水如天。站在风生水起处的统领者，是一位病恹恹的瘦弱儒生，他指挥着一批临时集结的"乌合之众"，以弱胜强、以少胜多，以"秒杀"的方式彻底粉碎了一代反王精心策划了十几年的"帝王梦"。

他，就是明朝一哥王守仁，江湖人称"王阳明"。

五百多年前，他是文官，是诗人，也是书法家，却有着神乎其神的箭法。

他曾在王朝危难之时扛起保家卫国的重任，一次次指挥千军万马，一次次"化腐朽为神奇"，为大明立下赫赫战功。

他打通朱、陆学术思想，创立心学，宣扬"知行合一""震霆启寐，烈耀破迷"，从当时浮艳绮靡的社会风气中吹出"致良知"的新风。

他受尽政治构陷，还遭到明代最"奇葩"的皇帝朱厚照抢功，却仍然一身正气。

他一生"立德、立功、立言"，他是一代伟人，更是中国历史上"两个半"圣人之一。

他是儒，是圣，是雄，亦是侠。侠之大者，为国为民。

五百多年来，他是一个超级偶像，迷倒了万千历史大咖和平民百姓。

五百多年后，山与海依旧，王阳明亦不曾走远。

隔着岁月与沧海，他仍能看穿迷失在花花世界中的现代人，看穿人们内心深处的恐慌、迷惘、挣扎，看着人们一点点地丢弃最初的梦想和信仰……那些焦灼的人像被遗弃的孩子。

王阳明知道，这一切其实都是人们心中的贼在作怪！

只是，破山中贼易，破心中贼难。

王阳明回来了，不是带着大而空的理论，而是带着他厚重的人生体悟。他要告诉世人：人人都可以直面困难，超越物欲的限制，人人都可以成为圣人，只要你愿意打通心中的宇宙，开启良知。

在那之前，王阳明要先为人们讲述自己的人生故事：他虽然自幼才学不凡，却花了九年时间才取得功名，还以一个不知名的小官入仕；他上书救忠臣，却被奸宦刘瑾打到屁股开花，发配到偏远的贵州龙场去野居，还一路被追杀；后来，他终于有机会为国效力了，但功高处，不但遭到官场同僚的政治构陷，还遭受正德皇帝朱厚照的羡慕嫉妒恨；龙场悟道后，他致力于圣学的传播，却常常连人带学术一起受到攻击，这种攻击，从他生前一直持续到身后……

能够直面这些险恶与苦难，并以此为修炼的机缘，是因为在王阳明身上有着宇宙间最为强大的武器，那就是他的心。此心不动，随机而动。

是的，心是他的法宝，也是这世上所有人所遵循的不二法门。一个人若将自己的心视为宇宙，试问，有什么事物包容不下？有什么坎坷不能逾越？有什么志向不能实现？

一切都不会烟消云散，良知与人心，还有全能圣人王阳明的传奇人生。就如，风雨总会过去，初日瞳瞳，雨痕新霁渡头沙；就如，人心的冬天也总会过去，溪深几曲，树老千年雪作花。

目 录

第一章　明代出了个王阳明

山水余姚小"哪吒" / 001

"王云"升级为"王守仁" / 006

戏慧童，和尚反遭戏 / 009

这个老爹很厉害 / 012

比月金山寺，出名要趁早 / 014

第二章　锋芒乍现是少年

何为人生第一等事 / 020

格竹？格出个啥 / 023

书生意气，指点江山 / 027

逃婚问道：有多少爱可以胡来 / 032

蜜月期走出的书法大师 / 035

第三章　一代人的科举往事

理想丰满，现实骨感 / 039

同一场科举，多少意外 / 042

唐伯虎续集："不使人间造孽钱" / 047

第四章　狂而不疯的"官二代"

你好，偶像 / 051

刑部来了个王青天 / 053

九华山上神仙多 / 058

出入佛老，休假也要折腾 / 061

站在圣人的故土上 / 064

相见恨晚，圣人之交若水 / 067

第五章　步步惊魂的权力棋局

另类天子开启另类时代 / 071

很光荣，也很疼 / 077

再见啦，京城 / 079

余姚亲友如相问，硬命已过钱塘江 / 083

最大的智慧是活下去 / 085

屈原大哥：同命兮同往兮 / 088

第六章　龙场悟道，推开圣贤这扇门

圣贤路上再进一步 / 091

那理就在吾心处 / 093

山沟沟里的心灵书院 / 096

圣学实有大出处 / 101

第七章　再出山，世、仕皆心事

功不可没的"打虎英雄"们 / 104

庐陵知县不受案 / 109

大兴隆寺里真热闹 / 112

谁动了《大学》 / 115

滁州岁月，布道山水间 / 118

南京！南京！/ 121

第八章　临危受长缨，大儒初用兵

剿匪，为什么是王阳明 / 126

孬不孬，谁说了算 / 129

只要思想不滑坡，方法总比问题多 / 133

此心不动，随机而动 / 135

被"三振出局"的山大王 / 138

第九章　我和反王有个"约会"

朱宸濠可不是野猪皮 / 142

由"打酱油的"变成"举义兵" / 144

那年赣江止水人 / 149

逼对手使出下下策 / 152

就是要化腐朽为神奇 / 155

宁王兵败鄱阳湖 / 160

第十章　国手大师与"抢功"帝王

天上掉下个威武大将军 / 164

英雄也有寂寥时 / 167

争取良知太监来助阵 / 170

不做人欲的牺牲品 / 174

弈局难了，人心难了 / 177

第十一章　迢迢"朝圣"大道，师生相伴"虔"行

知己不再，英雄落寞 / 180

当圣师遇上"怪老头" / 182

拔尖弟子爱"穿越" / 186

王门盛宴 / 189

天泉证道 / 192

第十二章　此心光明，人生未若归去来

大礼议：高处不胜寒 / 195

如此"新建伯" / 198

蜡炬成灰心未休 / 201

撒开手，让发妻去 / 203

最后的战役 / 208

此心光明，此生光明 / 210

今日一别，君再来 / 214

附录　《传习录》精选 / 217

第一章　明代出了个王阳明

山水余姚小"哪吒"

公元 1472 年，是为明成化八年。

离那场将大明从亡国边缘拉回来的"北京保卫战"结束不过二十三年的时间，江山却已经易了几位主人。当时坐在龙椅上的皇帝是明宪宗朱见深，一个有着坎坷成长经历，并因此与大自己十七岁的万贵妃"缠绵悱恻"的男人。

帝王钟情之人，投机者恨不得献上世间所有奇珍异宝来取悦她。为了让他们两口子享受床笫欢娱，爱情长久，一群谄媚宦官和炼丹妖道应运而生，比如汪直、梁芳、李孜省。

那时候，宦官狐假虎威，道士书符念咒，搞得朝堂和天下都乌烟瘴气，一股荒唐时代的气息扑面而来。然而，即便如此，于普通百姓来说，日子还得照样过。什么王朝变不变天，什么万贵妃流不流产，都是浮云，自己家的事儿才叫大事。

明成化八年（1472）秋，浙江余姚，一则孕妇怀孕近十四个月未见生产的新闻在当地风传一时。

"听说了吗？王家二儿媳妇还没生呢，那大肚子，已经像个熟透的西瓜了，啧啧。我怀孕那年，九个多月就生了。"

"是啊，相公那么帅气有才，媳妇又漂亮贤惠，还是头一胎，要是个怪胎就可惜了。听说，王家人连中秋节都没过好……"

一群女人，一边在河边浆洗衣物，一边闲聊，流水也好久没跟着这样热闹了。

这个话题，男人们也热议了好些天。

"这王家人本就不是与我们一样的寻常角色，我看这孩子也注定不是凡物！"

"此话怎讲？"

"哪吒三太子不就是三年才出生，一出生就有一身好本领，还有能耐闹东海？我虽没什么文化，却也知道，古往今来一些大人物出生，那都是惊天地、泣鬼神的。看来我们这小余姚，是要有凤来栖喽！"一位老者捋着自己的长髯，边说边将了棋盘对手的军，引得周围一片赞许声。

说起这支王家，隐居在余姚这样的山水之地，如闲云野鹤，却大有来头。

唐诗有"旧时王谢堂前燕，飞入寻常百姓家"，"王"与"谢"说的不是别个，正是东晋著名的两大家族：陈郡谢家与琅琊王氏。东晋年间，王家出了一位旷世的大人物，就是集书法家、军事将领与"东床快婿"等诸多亮点于一身的王羲之。王羲之因为晚年与同僚闹了点儿小矛盾，便辞去官职在会稽（今浙江绍兴）过起隐居的日子，最后自适而终。从此，王氏家族中的这支也就在浙江一带开枝散叶，到王羲之的二十三代孙王寿时，王寿在绍兴待得有点儿腻了，便携家带小搬到了更为清静的余姚。

明成化年间（1465—1487），王家的户主叫王伦，五十多岁，白衣飘飘。虽然他并不老，但以当时人的平均寿命算来，也该算是"老王伦"了。与其他家人只担心孕妇与孩子的安全不同，此刻，老王伦还有不好与外人道的心事，他比所有人都更希望听到这个婴儿的哭声，他要在这啼哭声中找到答案和救赎。

王伦本是"一生只爱竹"的隐士，他用了几十年的时间种竹、赏竹、咏竹，还自号"竹轩先生"，日子过得小康且清净。年轻时，他打心底看不起那些"向官看齐"的读书人，觉得他们打着"爱国"和"成人"的旗号，实

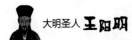

际上不过是王权富贵的奴隶。可是，人到晚年，王伦自己也陷入了这个怪圈，年纪越大，他越强烈地希望子孙们能够"学而优则仕"：一来可以为国为民做点儿事，二来可以光耀门楣。老实说，这个想法本身是无可厚非的，毕竟，将满腹经纶货与帝王家，这是中国古代读书人的最高理想，也是他们难逃的心结。可是，王伦却很有负罪感，也很挣扎：这样的世道，皇帝昏庸，宫妃、太监、道士当权乱政，自己的子孙若真入朝为官，如果不肯助纣为虐，就会落得飞蛾扑火的下场。当年先祖们抛下功名隐居山野，那自己现在的愿望算不算违逆了祖宗的意思呢？

三个儿子之中，王华的禀赋最高，也最努力，他对王华寄予厚望。所以，当王华的孩子十四个月都不出生时，王伦觉得这是祖上的预警和上天的惩罚。

日子在焦灼的等待中到了农历九月三十。

奇迹从一个仙梦开始。

当天，王家人见孕妇的肚子仍然没一点儿动静，感觉又没戏了，便都早早睡下了。亥时，王老夫人恍惚听到有喜庆的仙乐响起，一时又好像有人在召唤自己。她循声望去，声音却是来自天边，只见天门大开，一位仙娥踏彩云而来，后面还跟着些衣着华丽的侍女。为首的仙娥将一个大胖小子交到王老夫人手上，笑盈盈地说："老夫人，恭喜王家了。"王老夫人激动地伸手去接，耳边的鼓乐声越来越大，还夹杂着嘈杂的道贺声。

王老夫人这一开心，就笑醒了，但当她意识到这只是个梦，便又怅然若失：一定是日有所思，夜有所梦。就在这时，丫鬟急匆匆地跑来叩门，外面的骚动声也越来越大。

老夫人分不清是梦还是现实，赶紧摇醒身边的王伦。等二人穿了衣服推开房门时，眼前的场景让他们惊呆了，只见院子里站了不少提着水桶的乡邻，还陆续有人挤进院门，嘴里嚷着"救火，救火"。可是，这"起火"的阁楼上方火光冲天，却不见一丝实际的火星，一群人扔下水具，惊得愣在原地。

夜很静，众人的喧嚣声消失，能清晰地听见阁楼上的叫喊声，有女人在喊"使劲，使劲"，也有女人撕心裂肺地喊着疼，惊得远近的狗不安分地乱

叫。众人仰头向着红云下的阁楼，都跟着捏了一把汗。

直到产婆大喊"是个胖小子"，院中人才都长舒了一口气，凝固的气氛也瞬间被打破，水桶水盆都成了人们即兴欢呼的工具，敲打声此起彼伏。王家人心中的大石头落地了，当场说来日大摆宴席，庆祝孩子平安降生。而有些人一直到离开王家，都还不敢相信所发生的一切。

这一折腾，天就要亮了，太阳从东边徐徐升起，连日冷冷清清的王家庭院，一下子又恢复了往日的热闹：庭有竹兮青青，上乔木兮鸟嘤嘤。

粉嘟嘟的小婴孩可没空理会这些，他眼前的人生大事，不过"吃喝拉撒"。他可是冒着随时会缺氧窒息的危险在娘胎里贪恋了一百多天，这会儿还要尽情地呼吸新鲜空气呢！他也想像一些大人物一样，试着张口却发现不能说话，试着下地行走却发现连襁褓都脱离不了。他用有神的小眼睛扫视了一下四周，决定先美美地睡上一觉。

"王云"升级为"王守仁"

明成化十二年（1476），皇帝还是那个懦弱矛盾的皇帝，贵妃还是那个宠冠六宫的贵妃，一切照旧紊乱地进行着，但微妙的变化也蕴藏其中，那就是，一个叫朱祐樘的皇位继承人出现在了历史和公众的视线中。

朱祐樘，一个普通宫女纪氏所诞下的龙子。明成化十一年（1475），小皇子被老宦官张敏冒着生命危险带到皇帝朱见深面前时，还只是一个营养不良的"小萝卜头"，他的出现，给大明帝国的未来带来了短暂的兴盛。

与父亲朱见深相似，朱祐樘也有着悲惨的童年。不同的是，父亲是受国难和宫变的牵连，而他则是受害于父亲最爱的女人的嫉妒心。一到六岁，碍于万贵妃的淫威与迫害，朱祐樘被宦官、宫女和废掉的吴皇后偷养在深宫，口粮不够，只能用米糊喂养。

皇宫内院中，被封为储君的幼年朱祐樘憋红了脸，对万贵妃说："我怕你

 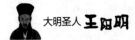

的汤里有毒。"而在南边的余姚，虽没有雕梁画栋，却也没有钩心斗角，王家的小孙子幸福快乐地成长着。

五年前，王伦的小孙子在红云笼罩下出世，在当地被传为美谈，孩子出生的阁楼也因此有了一个响亮的新名字——瑞云楼。

为了给这个孩子起一个响亮的名字，老王伦可是没少花心思。他本就是满腹诗书，起个好名字不过是分分钟的事，可他却生怕因自己"才疏学浅"，或是一时疏忽，漏掉了哪个可以代表孙子一生的重要字眼。连着几天，王伦把古今典籍翻了个遍，仍是没有中意的。一天，他看到自己的夫人踮着小脚，抱着大孙子颤颤巍巍地从面前经过，突然想到了她对自己讲述的那个美妙的仙梦，一下子来了灵感："既是神女踏云送来的孩子，生产时又有瑞云当空，就顺应天意，叫王云。"

这个名字，着实让王伦得意了好久，他似乎早早就看到了这个孩子和王家的大美未来。

五年来，小王云的日子过得无比惬意，有爹疼、有妈爱、有爷爷奶奶宠，兼受着同宗人的疼爱。就在这孩子出落得人见人爱、花见花开时，他又一次被推上了当地人热议的风口浪尖。

"看见了吗？远近的郎中和江湖术士不停地往王家跑呢，小王云都五岁了，还不会说话呢，可别是哑巴，那就可惜了。啧啧。"

"是啊，真是好事多磨啊。我常看见王老先生坐在院中竹子前给孩子读诗、唱儿歌，也真为难他了……"

"那是，听说今天王老夫人又急得病了，愿王家好人有好报吧！"

对于外面的闲言碎语，不管是好听的还是不好听的，王家人早就产生了免疫力，他们更关心的是，要几时、要怎样才能撬开小王云的金口。在经历了十四个月的怀胎事件之后，他们早就有了心理准备，觉得这孩子可能会"慢半拍"，而且"神孩子"贵人语迟也正常，可是，这也太迟了吧？不会真的有什么毛病吧？大家又陷入了五年前的焦灼中，直到有一天，事件出现了奇妙的转机。

这天，小王云正和伙伴们在家门前玩耍，不知从哪里冒出一个和尚，长得奇怪，鞋帽也破旧，差不多可以参考后来《红楼梦》中的癞头僧。和尚站在边上直直地盯着小王云，仿佛要把这孩子看穿一样。良久，他才深深地叹了一口气说："娃是个好娃，可惜给道破了。"

等到在院子里刚好瞧见这一幕的王伦追出来时，和尚早已经没影儿了。"好娃，道破了；好娃，道破了……"王伦重复着和尚无厘头的话，突然如梦初醒："当年给孩子取名王云，是想着顺应天意，可这也是泄露了天机啊，难道是上天在责罚我们？"他不由得打了个寒战，想到孙子可能会因为自己自以为是的起名而毁了前程，老王伦愧疚不已，当即决定为孩子改名。

可是改什么好呢？王伦毕竟是王伦，这一次，他权衡了利弊，没有太刻意就想到了两个绝妙的字——守仁。好听还是其次，深意才是硬道理。《论语·卫灵公》载："子曰：知及之，仁不能守之；虽得之，必失之。"王伦这是希望孙子能以仁心仁爱去守住自身的天赋和智慧。从"王云"到"王守仁"，单从名字寓意来讲，也是从个人神奇色彩到救世济人美好意愿的晋级。

接下来又是见证奇迹的时刻了。

就在从"王云"更名为"王守仁"的那一刻，王守仁说话了，他当即背诵了一篇文章。见王家人目瞪口呆，小守仁背着小手，不慌不忙地解释说："平日听祖父念得多了，也就顺便记下了，只是说不出来，这下能说出来了。"王伦大喜，全家大喜，大半个余姚都跟着沸腾了起来。

谁会知道，此时在祖父面前摇头晃脑的小守仁，就是日后改写大明历史的王阳明？谁会知道，多年之后，他会门人遍天下，受世人膜拜？谁会知道多年后，他会与紫禁城里那个"小萝卜头"皇子的儿子和侄子纠缠不休？正如谁又会知道，在这一年新出生的小皇子朱祐杬，一生都只是湖北省的一个小藩王，却在死后被他的皇帝儿子尊为"知天守道洪德渊仁宽穆纯圣恭俭敬文献皇帝"？

世事如此难料，谁又说得清？

戏慧童，和尚反遭戏

开口说话之后，王守仁再一次在余姚当地走红。虽然那时他还没有为自己取"王阳明"这个"艺名"，但其实"明星"叫什么对世人来说真的不重要，他们所"八卦"的是这位小童星本身：出身经历不凡，金口一开更不凡，这孩子连聪明程度都超出了同龄的小朋友一大截。完全就是一个神孩子嘛！这没什么可争议的。

就这样，神孩子王阳明在当地受到了不少人的倾慕，不少怀孕女子会大老远赶来摸摸小阳明的头，以祈求自己的宝宝也能够"沾点儿神气"。不只如此，王阳明还受到了来自"人间神府"的关注。

有一位"神仙近卫"关注王阳明好久了，他就是余姚当地一家寺院的和尚惠明。惠明和尚之所以关注王阳明，是因为他对王阳明"神孩子"的特殊身份另有所图。

这要先从惠明本人讲起。惠明和尚，俗家姓赵，不知为何入了佛门。惠明年纪轻轻，总喜欢找人对课，说是切磋道法，实是借机炫耀才学。每每辩赢，他就会像一只斗胜的公鸡，趾高气扬。几次下来，他便自诩是余姚最聪明的和尚，不仅如此，他甚至觉得自己是当地最聪明的人。可是，一个自我意识膨胀、以为自己"最棒"的人，如果不被广泛知晓和广泛赞颂，又是件多么痛苦的事啊！强忍着这份痛苦，惠明和尚决定迅速提升自己的知名度。

但惠明也清楚，尽管自己想出名都想疯了，可总不能站出去喊"我是余姚最聪明的人"，这样真的会被当成疯子的。要红，就要先炒作，而炒作的一个方便快捷的方法就是借一个红人上位。想来想去，他想到了王阳明（那时这孩子还只叫王守仁），一个因为传奇经历而红遍当地的"神孩子"。

想到王阳明，选择王阳明，惠明有自己的如意算盘。首先，从敌我力量来评估，自己都是成年人了，而对手不过是个七八岁的孩子，自己赢在了年纪和见识；其次，这个孩子五岁才会说话，虽然出口就能背文章，可毕竟真正接触文化知识的时间很短，自己赢在多读了好多年的书；最后，也是最重要的，只要自己赢了这个"神仙送来的孩子"，不就是堪比神明了吗？还不得风光无限啊！惠明越想越美。可是，自己身为出家人，怎么好主动去找王家的一个孩子切磋，他只能焦灼地在庙里"守株待兔"。

"小兔子"当然会来，因为王阳明的奶奶和母亲都是虔诚的佛教徒。

这一天，小阳明随着母亲到庙里上香，隔着老远，惠明就看到了这个乳臭未干的孩子。其实，这不是惠明第一次见王阳明了，只是之前，因为有师父在场，碍于其威严，他实在不敢轻易上前打扰这位"小香客"。但这次不一样，师父不在家。

趁着王母跪在佛前祷告，惠明冲上去拉起了小阳明，把他带到偏殿。没有选择在大众面前比试，是因为惠明也觉得这孩子看着聪明伶俐，担心万一出点儿什么差错，自己输给一个孩子会很丢人，所以还是先低调地试探一下吧。

时间紧迫，惠明和尚开门见山："我是惠明，你是人们口中的'惠童'，不如我们对课，看谁更配得上这'惠'字。"

小孩子哪禁得起这样的挑衅："好吧，你出题。"

惠明和尚愣了一下，暗想："好一个傲气的小家伙！"他开口说道："轰字三个车，余斗字成斜。车车车，远上寒山石径斜。"

小阳明听罢，没有立刻回答，反倒是哈哈大笑，说道："和尚大哥，你不要欺负我小，我们家族中大人们在一起喝酒的时候也会说你这样的话，你是要和我比酒令吗？"小阳明没有注意到惠明的脸色变化，接道："品字三个口，水酉字成酒。口口口，和尚只贪一杯酒。"

惠明脸上挂不住，决定给这孩子一个反击："古有李守仁，今有王守仁，手中一本《太公法》，不知是兵家？是法家？是道家？"

小阳明见好好地对课扯到挖苦自己上来，小嘴当即嘟起来："古有卜惠明，今有赵惠明，手中一本《金刚经》，不知是胎生？是化生？是卵生？"

挨了骂，惠明和尚可是一点儿也绷不住了，他拉住小阳明头上的三根辫子，恶狠狠地说："三叉如鼓架。"

小阳明这下更不乐意了："作对子就作对子，还对我动手动脚的，讽刺我的发型，太不像话了！"想着，他跳起来点点惠明和尚的头说："一秃如锣槌。"

二人追逐着来到正殿，惠明指着殿上三尊佛像说："三尊佛像坐象坐虎坐莲花。"

虽然这回和尚说了正经点儿的话，可是小阳明还沉浸在自己发型被讽刺的不愉快中，他想了想，接道："一个秃驴偷鱼偷肉偷女人。"在小阳明看来，虽然不知道酒肉、女人和和尚到底有什么矛盾关系，但他知道很多和尚都不喜欢与这些词联系起来，就像自己也不喜欢被别的小朋友嘲笑"尿床"一样。

王阳明哪里知道，自己这话一出口，娄子就捅大了。惠明真的气急败坏起来，还跑到王阳明母亲面前去告状。看到母亲投来责备的目光，小阳明赶紧笑嘻嘻地改口道："和尚大哥听错了，我说的是'一位师父念经念佛念观音'。"

尽管如此，和尚仍不依不饶，眼看王阳明母子就要走出庙门，他气恼地追出去低声对小阳明说："牛头且喜生鹿角。"小阳明同样低声回道："狗嘴何曾吐象牙？"然后扮着鬼脸大步流星地离开了，留下生气的和尚把木鱼敲得笃笃巨响。

小阳明当然理解不了，自己只是童言无忌，不想输给别人，但他却无意中揭穿了惠明"花和尚"的真实面目，逼得和尚狗急跳墙。

还不谙世事的王阳明当然没有错，其实那位和尚也没什么大错，毕竟，那根本就是一个有着众多宗教却缺乏真正信仰的年代，从国君到百姓都是那样浑浑噩噩地过日子的。

这个老爹很厉害

明成化十七年（1481）春，北京城热闹非凡。殿试成绩公布，新科状元身着红袍、帽插宫花打马御街前，可谓"春风得意马蹄疾，一日看尽长安花"，一时羡煞了不少官员百姓，更是羡煞了世间读书人。

连续数日，余姚瑞云楼前也是热闹非凡。原来，这位新科状元不是别人，正是王伦之子，也就是王阳明的父亲——王华。状元及第，这不但是个人荣光、家族荣光，甚至称得上是一个乡、一个省的荣光，其年十岁的王阳明和众人一起，沉浸在父亲带来的荣光中。

相比于儿子日后成为中国历史上少有的集"立德、立功、立言"于一身的"真三不朽"圣人，老爹王华自是差了一个相当大的梯度，但能够从全国读书人中脱颖而出，他也绝非等闲人物。在科举这样残酷的竞技游戏中，聪明的玩家不少，但能像王华这样玩通关成为状元的却是三年出一个，还是数万里挑一。

王华在家排行老二，本来，在中国的传统家庭秩序中，往往是"老大受重视，老幺吃香，独留老二夹在中间爹不疼妈不爱"，但王华在家中不但没受冷遇，还最有分量，因为王华和他的儿子王阳明一样，都不是随随便便就出生的小孩。

相传，在王华出生的时候，他的奶奶孟老太太做了一个神奇的梦，她梦见已故的姑姑将一个绯衣玉带的孩子送到自己手中，还对她说："在我活着的时候，你和孙媳妇都很孝敬我，我虽然死了，但是我和祖宗们都保佑着你们呢，现在把这个小孙孙交给你们，保我王家世世荣华。"

或许，就是这个梦改变了这个家族的命运走向。

不能说的秘密也就来了。

这点，从王家三兄弟的名字中就能看出端倪：王荣、王华、王衮。中国

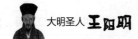

汉字博大精深，单王家大儿子叫荣，解释就可以有很多种，二儿子叫华，估计是顺应老人家的梦，"荣华"也说得过去，可是三儿子叫衮，这就有点儿门道了，"衮"是指古代君王、三公穿的礼服。这些功利性强的名字哪像隐居家庭孩子的名字，倒是官宦色彩十足。可见，王家这代人其实很小就被赋予了涉世荣华、振兴家族的重任，而这恐怕是老王伦本人早些年不愿意承认的。

当王家人直面这个严肃的问题时，禀赋最高的王华是最被寄予厚望的，而王华本人也是个不折不扣的励志哥：为家族使命而生，为家族使命而奋斗。

凭借机敏与过目成诵的天分，加上后天勤学努力，王华很小便声名远播，年纪轻轻就被松江提学张时敏推荐给浙江布政使宁良去做私塾老师，十里八村，连邻近省份的人都纷纷赶来向他求学。

这王华学问好也就罢了，人品也是一级棒，从小就孝敬父母，团结兄弟，拾金不昧，长大后更是超级有节操。比如，他曾主演了一部正气凛然的大明版"聊斋"。

那时，王华在湖南祁阳的别墅读书，一心研学，不像有的士子一样好吃喝嫖赌。可是人这种动物很奇怪，独醒的人往往被醉着的人认为是醉汉，一次，士子们决定借着为王华饯行的酒会捉弄一下这个君子，让他露出"狐狸尾巴"。

夜已深，江边亭子的门被人锁住，里面只剩下被灌到醉意深重的王华，和不知什么时候坐进来的两位妙龄女子，她俩衣着单薄，笑意盈盈。见王华半天不动，两个女子主动凑上前去，百般调戏。王华的酒瞬间醒了一半："不行！神女、妖女、人女都不行！不行！不行！坚决不行！"撞了半天的门都不见开，最后王华破窗而出，连夜渡江回乡，留下躲在亭外的众士子一脸尴尬和敬佩。

春秋时期，一位将军借烛灭之机，连楚庄王的爱姬都敢轻薄，可见人酒后难有德。王华对着送上门的美色本可以"半推半就"，然后说一句"礼不过三爵"，但是，他没有。

到这里，也许有人会怀疑：血气方刚的王华就这样决绝地拒绝了两位美人，是自身有毛病，还是另外计划着有朝一日高中可以高攀公主，实现天下文人的驸马梦？他的所作所为到底是本性流露还是心机使然？

是啊，流氓太多的世道，正人君子是多么不合时宜啊！可偏偏王华就是那样不合时宜地存在着，身处凡尘泥淖，他却绝非庸俗的人间富贵花，更不是普通的池中物。

第一，王华日后会有妻子和孩子，他的生理机能大可不必怀疑。他只不过真的把那些圣贤书看进去了，也以此来勉励自己，并不是满口"男女授受不亲"，见到千金小姐、美色佳人就立马想着吃豆腐、私订终身的主儿。第二，纵观整个大明，十六位帝王共生下五十位公主，只有两位嫁给了读书人。其余的公主都成了政治联姻对象，嫁给了武将家庭。至于那些要三十岁甚至更大年纪才考上状元的读书人，如果个人没不良问题，都早已成家、孩子满地跑了，又怎么会有机会攀上十六岁适婚的公主们呢？

王华的自律来自他内心强烈的意志与是非观，他知道什么该做，什么不该做，这是酒精也麻痹不了的。这样的人，不愧为日后明君弘治皇帝的老师。

在父母的安排下，王华娶了一位贤惠可人的妻子，夫化性天清，妻化情地宁，天清地宁生个小孩赛神童。做了父亲的王华比以前更加努力。

直到那年春色缤纷，王华金榜题名。

王华凭借不懈的努力履行了自己的家族责任，也实现了一个读书人的远大理想。只是，一入朝堂深似海，在风云变幻的大背景下，王华个人和这个家族的命运又将走向何方呢？

比月金山寺，出名要趁早

运河千里，银波粼粼，与两岸的山峦、坚实的城郭相映成画。

在一艘普通的客船上，十一岁的王阳明正出神地研究着舱内案几上的行程图。起点：余姚。途经：杭州、嘉兴、苏州、无锡、常州、镇江、扬州、

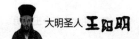

淮安、徐州、临清、德州、天津。终点：北京。

祖孙二人乘坐的船已经行驶一段时间了，旅行的乐趣、对京城的向往及对王华的思念，冲淡了他们刚出家门时的感伤。

听船家吆喝"到江苏镇江水域了"时，王阳明飞奔到船头，他实在不能不兴奋。

这镇江，处于长江三角洲北翼中心，北揽长江，西接南京，因扼守长江，故名"镇江"。

镇江很美，被誉为"天下第一江山"，这里绽放了大乔和小乔。在镇江，白娘子爱上许仙，董永和七仙女海誓山盟。

镇江很富，虽然在那些年，它还没有21世纪的镇江那样地域辽阔，却仍是不少人向往的观光旅游景点、商埠重镇，GDP（国内生产总值）在全国排名靠前。

即便眼前只是山水，与浙江相比也别有一番风韵。

夜幕降临，镇江金山寺，几位老人设宴款待王伦祖孙二人。

旧友相逢，推杯换盏，讲当年交情，讲几十年来各自的命运，再聊聊家事国事天下事，一群隐居多年的老人竟不像他们的号一样潇洒淳朴，倒像是一群对岁月和现实无力又不甘心的"愤老"。

作为第一次出远门的小小少年，王阳明当然无法集中精力听一群小老头儿抱怨人生，他的心早就被更为美妙的事物勾走了：这金山寺，当年佛印在这里做过住持；这金山，白蛇与青蛇曾在这里与法海斗了三天三夜……吃着闻名于世的淮扬名菜，放眼四周，少年已沉醉在这大自然与历史的鬼斧神工中。

待王阳明的思绪再度被唤回时，酒桌已经变成了斗诗场，宴会档次一下子提升了不少。这倒是有点儿意思，王阳明饶有兴致地观望着，不无崇敬地期待着老爷爷们的大作。

不过，在开始斗自己的诗前，老爷爷们斗的是别人在镇江作的诗："丹阳北固是吴关，画出楼台云水间""洛阳亲友如相问，一片冰心在玉壶""青苔寺里无马迹，绿水桥边多酒楼""山分江色破，潮带海声来""楼台两岸水相连，江北江南镜里天""何处望神州，满眼风光北固楼"……连李白、王昌龄、杜牧、范仲淹、沈括、辛弃疾这样的名人都出场当先行官了，这应该是一场高雅的诗会吧！

可是，接下来的斗诗，却让王阳明大跌眼镜，说这些诗"俗不可耐"吧，倒也不至于，但确实没什么亮点。看着老人家们彼此恭维，年少气盛的王阳明有些焦躁了。又是半天过去了，仍没有一句惊艳的诗句产生。奈何诗性大发，王阳明忍不住在旁边诵道：

金山一点大如拳，打破维扬水底天。

醉倚妙高台上月，玉箫吹彻洞龙眠。

这才是今晚真正意义上的第一首好诗啊！

它不但逼真地描绘了金山寺所在的金山如拳头一样傲然立于江心的事实，还描绘出酒后微醉，登上金山的最高处"妙高台"，伸手揽月，听山上玉箫曼妙，见洞中老龙熟睡的画面，别有仙风道骨之韵味。可是，这样的好诗竟出自一个十岁出头的孩子之手，谁信啊？一定是王伦事先教好的。

席间的老人们都坐不住了，他们暗想："老王伦你也太不像话了，故人重逢，大家过得都差不多，可偏偏你王伦教导有方，不但把儿子培养成了状元，这会儿还要小孙子出来抢风头，读书人的美事难道都让你王伦家占尽了？"

老王伦也是坐不住的，他虽惊叹于孙子的才情，却又狠狠地白了小阳明一眼，意思是说"别嘚瑟了孙子，让那些老鬼挂不住面子了"。接着，他又转过脸向众位老友说："小孙不才，班门弄斧，狗屁不通，不要理他。"

可是诗一出口，伤害就造成了，岂是你说不理就可以不理的？醋意随长江水滔滔而来，一位老人首先站起来现场出题，要王阳明以"蔽月山房"为题赋诗一首。

王阳明也不含糊，想了一下，念道：

山近月远觉月小，便道此山大于月。

若人有眼大如天，还见山小月更阔。

妙啊！

一个"大如天"指出了人们"山大于月"的思维误区，用宏观的视角凸显一种无限的理念，没有矫情，有的是一种超出年纪的理性，更引发人们对事实与真相的思考。

一阵衷心的叫好之后，一个个头发花白的脑袋耷拉了下来。是啊，一把年纪了，不会作诗，赏诗的能力还是有的。

场面尴尬地陷入了沉寂，惊诧中带着复杂的寂静。

夜风袭来，吹醒了座间的老人，他们如此不能接受一个孩子的优秀，不是因嫉妒之情，而是此间少年洋洋洒洒的诗篇，触动了他们的灵魂：避世多年，却始终无法摆脱尘网羁绊，虽然才情不及，他们却也有过与这少年一样的青春、骄傲和清醒。可岁月就是一把杀猪刀啊，现实也让他们变成了一群无才无德又无力的"糟老头子"，如果人生重来会怎样？他们可以面对后生可畏，却无法面对前浪被无情拍在沙滩上的滚烫事实。此时的王伦，心绪也是复杂的：这样充满才情与理智的小孙子，此生不重蹈我们充满遗憾的覆辙才好。

想来，这夜注定漫长。

这是王华考中状元的第二年，王阳明十一岁，名震金山。

这一年，客船载着祖孙二人前往北京，那个即便是几百年后仍让很多人魂牵梦萦的地方。在那里，紫禁城与菜市口隔几个街区，就像夜灯到月亮的距离，人们在挣扎中相互告慰和拥抱，寻找着追逐着奄奄一息的碎梦……

第二章　锋芒乍现是少年

何为人生第一等事

北京果然不一样，即便是在 15 世纪也和其他地方不一样。

一年工夫，王阳明早已适应了在这繁华世界中穿梭，他仔细地观察着这里奇特的人口结构——宦官多于缙绅，妇女多于男子，娼妓多于良家，乞丐多于商贾。只是，尚且年少的他当时还不知道，这座城的"真龙"或者哪只"猛兽""飞禽"扭一扭身子，都会引发全国的政治海啸。

此时，十二岁的王阳明被父亲安排在北京一家高级私塾里读书，老师是一位顶着官名的老先生。

如果说课堂上教的是小学生课程的话，那么那时的王阳明已经达到初中三年级的水平了。再加上他悟性高，肯努力，课上的学问很难满足他，所以他经常找老师讨论一些比较高层次的学术问题。

在课上，王阳明是个好学生；在课下，他玩得比谁都疯。不同的是，他不是撒丫子般玩一些低级游戏，他玩得很爷们儿。他常常把同学们集合到一起，然后组织大家分成阵营战斗，如战阵之势，模拟战场交锋。这些都让同学们对他刮目相看。

学的时候学好，玩的时候玩好，做事的时候做好，这一直是王阳明的风格。

 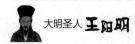

但若生活一直如此平静，那就不是传奇王阳明的生活了。

这一天的课堂仍旧很吵闹。王阳明连连发呆，连被同学踢了几次椅子都没感觉到。突然，他站起来，认真地问道："先生，什么是人生的头等大事？"

太突然了！喧闹的课堂一下子静了下来，虽然大家年纪不相上下，但其他孩子可从来没想过这么深的问题。

人生在世，最重要的事是什么？不同人有不同的答案，诸如洞房花烛夜、金榜题名时等。老师倒是没生气，他放下手中的书卷，惊异地看着王阳明，捋了捋胡须说道："读书，考科举，取得功名，然后像你们的父亲一样做大官。"

经鉴定，这个回答很官方，但却是先生的真心话。中国几千年封建文人的理想与宿命，不正是"学而优则仕"吗？

王阳明突然又说道："登第恐怕不是人生的头等大事吧！"

这下，课堂重新沸腾了。状元的儿子今天思维又跳跃到哪座山头了？

王阳明想了想，说："考全国第一做了状元又怎样？老子英雄，儿未必好汉。我的父亲是状元，我未必也是，子子孙孙未必都是。再说，只做个儒生，却还未见得有本事带兵呢！天天在那'之乎者也'就能让天下太平、国泰民安吗？碰到大事唯唯诺诺、纸上谈兵，不正是读书人的悲哀吗？"见老师不语，王阳明又说："读书做圣贤，才是人生第一等事。"

这天的课在一种奇怪的气氛中结束了，王阳明也因此遭遇了"告家长"。

翰林院编修王华府上，户主正在气头上："小小年纪就嚷着做圣人，也不撒泡尿照照自己几斤几两！你敢不敢再嚣张点儿？先把你的书读好了要紧。"

王华真的生气了吗？他真的认为儿子不自量力吗？

当然不是。

同样是"万般皆下品，唯有读书高"，王阳明却给出了不一样的诠释，那就是读书做圣贤。儿子有这样的远大理想和抱负，谁会不高兴？这可是亲儿子啊！更何况王华当然知道王阳明不是个"站着说话不腰疼"的孩子，但作为父亲，他还是狠狠地训斥了儿子，让小阳明知道恃才也不能傲物，志向再远大也要先懂得谦虚。

一面在心里希望孩子"愿力量与你同在"，一面又要厉声告诉他"别太放肆，没什么用"，这样用心良苦，就是王阳明所接受的伟大的家庭教育。

话说回来，王阳明为什么突然说出那样一番做圣人的豪言壮语呢？这要先从他的一次奇遇讲起。

几天前，上学路上，一个奇怪的相士突然拉住王阳明，对他说："小孩儿啊，我看你相貌奇特，不像普通人啊，这样吧，我给你点儿建议。"那相士又对王阳明说了一段奇怪的话："须拂领，其时入圣境；须至上丹台，其时结圣胎；须至下丹田，其时圣果圆。"然后就消失了。

当时，王阳明还被同行的孩子取笑了："那相士怕是想卖你狗皮膏药吧！"王阳明可笑不出来，多么似曾相识的一幕啊！五岁时，不也有一个其貌不扬的和尚拉着自己说了一句话，然后自己就能说话了吗？那么，这个相士所透露的又是怎样的玄机呢？

经过思考，几天的思考，连续几天的思考，连续几天的认真思考，才发生了课堂上的那一幕。然而，就在小阳明的圣贤思想萌芽的时期，朝廷发生了一件惊天动地的大事：汪直被开除公职，结束了他长达十年的揽政生涯。

早在故乡广西大藤峡时，年轻的汪直的愿望还只是吃上饱饭，自由地奔驰在广阔的蓝天下，做一个幸福快乐的牧马人。明成化三年（1467），汪直随一群战俘一起被送进皇宫，从此就再不是个完整的男人。悲伤过后，汪直凭借超强的适应力，很快就胜任了"公公"这个角色，还一跃成为万贵妃与皇帝面前红得发紫的人物。十年权在手，汪直也干过些人事儿，他清查官员、整顿吏治，还带兵出征，审理案件也很睿智，但他的这些微薄之功，都远远弥补不了他对百姓造成的伤害。或许汪直本身是个苦命的人，但他要的补偿也太过了。

每次汪直出差，都享受皇帝出行的待遇，期间若稍有不满意，他就会扯着自己的公鸭嗓子质问当地官员："你们头上的乌纱帽是谁家的啊？"那些年，社会上有一个明规则是"天下只识汪太监，不识皇帝朱见深"。有一次，

 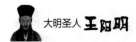

汪直出现在南方地区，当地官员无不如众星捧月一样小心伺候，当时，还有不少百姓拿着状纸前来"告御状"，汪直一行风光无限。如此一直到了福州，当地有官员发现不对劲，才揪出这是一个由江西人杨福冒充的"山寨"版汪直。然而，因为伺候不周而挨打的沿途官员已经不在少数，而假汪直一行表面"奉公断案"，背后敛财更不在少数。

一时朝野震动：假汪直尚且如此，真汪直又当如何？

真汪直当然是有过之而无不及，他自己监军辽东时就公然带领手下挖骷髅充军功……

多行不义必自毙。扳倒汪直的，有冒死进谏的忠臣，也有东厂提督尚铭这样的小人，当然，宪宗本人也烦了，尽管他还深爱着万贵妃，但是他们却已经不再爱汪直了。

王阳明看着欢呼的人群，他知道他们是在为一个奸宦的失势而欢呼，他发誓不做汪直那样的坏人。可是，那时的他与他们都不知道的是，汪直的悲剧其实是为了私欲而失去良知、失去自我的悲剧。

北京城继续上演着一幕幕悲欢离合、喜怒哀乐，它的确会受一些人物的成败影响而发生些变化，但最终是它改变了在这里生活着的大人物和小人物。沙尘暴刮起的时候，五百多年前的北京城"天无时不风，地无时不尘"，就在这风沙中，少年王阳明的人生正式启航。

只是，沧海横流，他又该如何带着最初的自己去追求那最初的梦想呢？

格竹？格出个啥

自那次学堂表大志之后，王阳明乖了很长一段时间：没说什么出格的话，也没做什么乖张的事。上课之余，他都泡在书房里研读圣贤书，还批注得密密麻麻的，这让长辈们感到很欣慰——他是在为做圣人做准备。既然当朝没出现过什么"圣人"级别的人物，那王阳明只好从历代圣贤中物色圣人模板。

王阳明找到的圣师是朱熹。

王阳明能够想到朱熹，并认定自己可以从朱熹的思想与哲学中找到圣道和成圣的方法，这其实一点儿也不意外。

早从汉武帝时起，儒学便一枝独秀，成为中国社会的正统思想，那时世人直接以千年前的孔、孟为师，这虽然没什么不好，却奈何世人悟性不高，学艺也不精，多数时间都只是拾先人的牙慧。直到几位宋儒的出现，才给儒学带来新突破，比如北宋的程颢、程颐两兄弟和周敦颐就将旧儒学消化并晋升为"与时俱进"的社会哲学。南宋的大儒朱熹接起了这杆大旗，正式引领新儒学时代。到了元明时期，朱熹思想已经成为不容置疑的官方思想，治国安邦用它，科举考试也用它，国民的行为都要以它为准绳。

朱熹是一股后浪，虽然不至于将孔、孟的前浪都拍在沙滩上，却也分去了世人对他们的一半崇拜，朱熹也被世人尊称为"朱子"。

朱熹的新儒学是理学。他认为理是一切的根本，万物都各有其理，而万物之理终归一，理是事物的规律，理亦是伦理。当然，朱子还说了好多大道理。

王阳明的研究直接围绕朱子学说的核心主题：理。在他看来，既然朱子说理是一切的根本，那么，找到这个"理"或许就可以成为圣人了。

可要去哪里找"理"呢？

朱熹也给出了答案——格物致知。

《礼记·大学》里说："致知在格物，物格而后知至。"朱熹说："格，至也。物，犹事也。穷至事物之理，欲其极处无不到也。"简单说来，就是"格物，才能明白事物的理"。

这下可好了！圣人找到了，圣人的学问也找到了！但若不做点儿什么，王阳明总觉得很不应该。思来想去，他决定要亲自格物以求致知。可是这个想法一出，王阳明就又迷茫了，也怪朱熹老先生只反复说"格物致知"的道理，却没教具体的操作方法。

 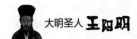

王阳明苦苦寻找出路……终于，面对着庞大复杂的物质与理论网络，王阳明决定先找到一件事物的理，并以此为突破口搞清所有事物的理。他想，就算二者没有因果关系，自己能搞懂一件事物的理也不亏啊。

一天放学，王阳明约了关系要好的钱同学，一到王家，两人就一头扎进书房。

"格竹？怎么格啊？"钱同学一脸惊讶。

回到自家后的这一夜，钱同学的心情久久不能平静：要实践朱熹的理论，这是一件多么了不起的事啊！要跟着另类少年王阳明一起做这样一件神圣的事，应该是很有趣的，很刺激的。

第二天，钱同学跟先生告了假，准时出现在王阳明家的竹林里。两个人盘腿而坐，开始恭恭敬敬地盯着周围的竹子。

是的，他们要开始"格竹"了，他们要在实践中找到真知。

既然朱熹先生没说清楚，他们就以自己的理解去"与事物面对面，推究事物的理"。虽然这种奇怪的格竹方法让人难以理解，但王阳明选择竹子作为他"格"的对象，原因却不难理解：

首先，竹是"岁寒三友"之一，自古就为正人君子所青睐，那么竹子身上一定藏着什么大道理；其次，祖父王伦号称"竹轩先生"，一生只爱竹，所以有王伦的地方就会有竹，王家庭院当然少不了竹林；最后，王阳明从小受熏陶，对竹也别有一番感情。

按照两个少年事先商量好的，"格竹"时要全神贯注，减少不必要的闲话沟通，但是若有所感悟可以随时讲出来。坐了一个上午，钱同学浑身有点儿不自在了，他偷瞄了一眼定力十足的王阳明，问："守仁，有什么收获吗？"

王阳明好似没听见他的话，半晌才回了一句："朱子说的'众物必有表里精粗，一草一木，皆涵至理'一定是没错的。"之后又继续盯着竹子。

两个人就这样坐着"格"了三天，没发现多大道理，身体底子太差的钱同学就先累倒了，被王华府上的人用轿子抬着送回家疗养时，钱同学还弱弱地对王阳明说："我不给力啊，格竹的事儿就靠你了，加油，守仁！"王伦和王华也有些坐不住了，他们心疼孩子的身体，却不想打扰孩子探究学问的决心，便叫家丁轮班在一旁盯着。

阳光照在王伦老先生一生挚爱的竹子上，照在王阳明用心去"格"的竹子上，升起来，又落下去，一天又一天，王阳明的思绪开始飘飞，仿佛自己不是置身在京城王府的竹林间，而是在老家的瑞云楼前，脑海中一会儿是孔圣人的话，一会儿是朱子的话，一会儿是相士、和尚的话，一会儿又好像钱同学没有被抬走，还坐在自己身边问自己的收获。王阳明想竭力控制自己的思想，不要"走火入魔"，不想却有什么东西咕咚一声倒在地上。他隐约听见一群人在喊："不好了，不好了，少爷晕倒了，快请大夫！"

随着王阳明的病倒，此次"格竹"行动宣告失败。

跟竹子面对面，企图通过"格竹"来"致知"，这在常人看来是荒唐幼稚且不可思议的一件事，但对于两个少年来说却是十分严肃的，那可是朱子在指引他们啊！在他们年少的心中，就算世人都错了，朱子也不可能错。可是，怎么就能格吐了血还没格出理来呢？承受着肉体与心灵的双重折磨，王阳明再一次迷茫了，他不知道到底是自己的操作方法错了，还是朱子的学说经不起验证。

总有一天，王阳明会明白，自己年少时虽然没能格出竹子的理来，却已经学会站在圣人的角度思考问题，而他格竹的这种行为本身，就是对朱熹所提"知与行"的验证，有验证、有质疑，这一切都为他日后创立和弘扬阳明心学、提出"知行合一"的思想奠定了基础，所以从严格意义来讲，格竹并未失败。

总有一天，王阳明还会明白，圣人非完人，权威也不一定掌握了百分之百的真理。而悟别人的道，不如悟自己的道；悟世事的理，不如悟心中的理。

只是当时，这位青春少年真的很失落。

第二年春，鸿雁传来王华夫人在家乡病重过世的消息，王阳明刚入口的甘蔗粥咳了出来，里面还夹着一大块鲜血。

看来在成为伟大的圣人之前，王阳明要先成为一个坚强的凡人。

 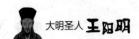

书生意气，指点江山

每个男人心中都住着一个英雄，不同的是，王阳明心中住着的英雄也是个圣人。

明成化二十二年（1486），北京德胜门外一骑绝尘，马上十五岁的少年王阳明一身精干打扮，他正自费去考察大明的国防最前线——居庸三关（居庸关、紫荆关、倒马关）。在距目的地二十余里地的长陵，王阳明谦恭下马，久久地注视着眼前奢华宏伟的皇家陵墓。想到里面葬着明成祖朱棣，他实在很难不心生敬畏。

这位戎马一生的帝王，死后毅然坚守在强敌最容易进犯的地方，除了考虑风水之外，他是想用大明皇陵的安危告诫子孙后代：若不保家卫国，你们的父亲、爷爷、太爷爷都会死不瞑目，你们的国祚江山就没有了。

不管是作为帝王，还是作为优秀的军事家，朱棣的这一招都够狠，够用心良苦。

站在居庸关城的石阶上，如在云端，山峦与炮台都清晰可见，王阳明热血沸腾。他想到了着手修建这段长城的朱元璋和朱棣，种种崇拜犹如滔滔江水，连绵不绝。此时此刻，想象着多少年来在此地金戈铁马的场面，王阳明的圣人志向一下子具体化了。那一刻，王阳明决定为保卫四方边境安宁而奋斗终生。

有官兵在不远处撒了泡尿，迎着王阳明走了过来，看也没看他一眼，就从他身边走了过去，这让王阳明有点儿小失望，他早就想好的应对官兵盘问的话一点儿也没用上。王阳明当即在他的"考察报告"上记下一条：军风懒散，对过往人物的盘查力度不够。

唉！

站在居庸关城的石阶上，回望着帝陵方向，再看当下的情景，王阳明不

由得一声叹息。是啊，天有时难遂人愿，哪怕许愿的人是皇帝，朱棣的长远战略在残酷的现实面前也只能实现一部分，这位英明神武的皇帝设定了开始，却已经无法再左右这过程了。因为不管是被赶出大都（今北京）的蒙古人后裔，还是在东北地区崛起的女真后裔，都不是吃素的。这些少数民族多为游牧民族，出则为兵将，入则为牧民，可以光明正大地纵马原野，练习骑射、摔跤。他们隔三岔五就来北方边境骚扰，要么扰乱边关，屠戮百姓；要么勾结叛乱，趁火打劫，又总可以全身而退，这成了大明开国以来的一大硬伤。

就在王阳明出生前二十多年，蒙古瓦剌部落还劫持了当时的皇帝朱祁镇（宪宗朱见深的父亲），那场"土木堡之变"差点儿让明王朝覆灭。就在前不久，大元"余孽"组织首领新一代"小王子"还带人在甘州屠戮百姓，杀了不少明军。前仇或许可以不计，可是当下自己的国土已被入侵，将士们牺牲了。皇帝不急，管事的大官不急，王阳明急！去不了遥远的甘州，他就到这北方的边防居庸关来，看看自己能做点儿什么。

这种种问题，是简单惩戒几个不严肃的守关人就能解决的吗？这该是国家高层决策的问题，也是层层执行、责任落实的问题，或许还不只如此……而像这样固若金汤的居庸三关，像这样"一夫当关，万夫莫开"的国宝级建筑，如果不能军事效能最大化，它又和普通的游览胜地有什么区别呢？

王阳明久久地迎风而立，他观望着、思索着，一直到天黑，又到白日。他还不想走，也不能走，因为他不是来旅游拍照的，他还有太多的问题需要找到答案。这样想着，王阳明已经换了蒙古人的装束，飞奔到当地的蒙古部落中，与附近的"胡儿"（当时蒙古少年的称谓）一起骑马、摔跤，他要加入这与狼为伍的民族，亲自感受一下做"狼"的滋味……直到一个多月后，王阳明才结束了自己的行程，出现在自家院落里，出现在父亲王华面前。

不等父亲责问怪罪，王阳明就先绘声绘色地介绍了自己的出行见闻，末了，他郑重地递上一个厚厚的信封，并一本正经地对王华说："这是我此次的军事考察报告，里面有对边关军事建设的意见，麻烦父亲大人转交给当今圣上。"

 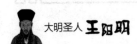

王华毕竟是王华，他很想骂一句"放屁"，可他在愣了一下之后，仍然收下了这份所谓的"考察报告"。但是，王华决定发飙，他要打击一下儿子的嚣张气焰：国事是儿戏吗？

对于这个特别的儿子，王华的教育态度一向是开放的、尊重的。不得不说，王华是个好父亲，有才也有爱。但是，儿子的成长已经超越了父亲的想象。比如，王阳明这番边关考察，就不是由于青春叛逆或是什么"作妖"，而是他心中长久纠缠的情结所致。

一方面，王阳明和天下男人一样，有英雄情结，与那些靠手段逞英雄的人不同，他要凭实力当英雄。另一方面，王阳明十二岁立志做圣人，那并不是"即兴演讲"，而是动了"真格"的。虽然到了十五岁他还没能寻到"圣道"，但听闻国家内忧外患，他确实已经意识到在暴力多发的年代，一个圣人仅仅修养自身还不够，还要文治武功，还要救世，救百姓于水火。为此，王阳明研读了上百本兵书，将古今的战役和战术都熟记于心，他还经常用瓜子、水果等进行"实战演习"。

从居庸关回来后，王阳明不停地给皇帝写信言兵，甚至请求皇帝派兵给自己去前线作战。但是，从考察报告到其他信件，都被父亲王华以"不自量力"的名义扣下了。

王阳明不知道，夜深人静时，父亲总会翻出这些信件反复阅读，王华欣赏那份考察报告，他觉得那是一份有些含金量的边防资料。这份资料图文并茂地记录了居庸关的地形、地势、地貌、风土人情，以及当地少数民族的优、劣势，也有王阳明针对敌我双方的军事部署附上的攻略。从儿子的请命书中，王华也看到了担当与视死如归。王华很欣慰，但他更为难。

王华难，难在他捉摸不透日益长大的儿子，更难在他无法捉摸透当朝皇帝朱见深。

朱见深曾为于谦平反昭雪，也重用过商辂这样正直有能力的将领，甚至在这一年很郑重地"诏谕群臣修举职业"，一副要大有作为的样子。但是，仁君之路上，他跑偏了，因为爱情拉低了他的智商。他宠万贵妃，也宠万贵妃宠爱的人，比如对汪直，比如对太监梁芳。梁芳把国库都挥霍光了，还敢理直气壮地说"兴建宫殿和各处的祠庙，都是为陛下祈求万年福泽啊"，朱见深只是戏谑了一句"我不挑你的毛病，但后来的人将要和你计较了"，结果梁芳怂恿万贵妃一哭二闹三上吊，坚持要换掉太子朱祐樘，搞得朝廷乌烟瘴气。

太子身为龙子，又没闯祸，地位尚且岌岌可危，一个普通官员的儿子若闯了祸，将会有什么样的下场呢？这一次，王华选择以比较自私的方式保全儿子的现在和未来。

边关仍然战事频仍，朝堂仍是鸡飞狗跳，一个王朝昏昏欲睡。

人们只知道，这个倾斜的世界是该正一正了。

逃婚问道：有多少爱可以胡来

明弘治元年（1488），王阳明十七岁，男大当婚。

在刚刚过去的明成化二十三年（1487），万贵妃在安喜宫病逝，朱见深哭她，以皇后之礼厚葬她，并辍朝七日，给她"恭肃端慎荣靖"的谥号，还说"贵妃去世，我亦不能久存了"。果然，不到一年，朱见深就用生命追随一生所爱而去。终其一生，这位多情的天子都没能明白，世人所不容的不是他们这份相差十七岁的姐弟恋本身，而是他处理不好个人爱情与自己特殊工作间的关系，以至于伤害到社稷苍生。

不管怎样，一段畸形爱情所引发的荒唐年代总算是结束了。接管天下的，是当年那个被偷养在深宫中的"小萝卜头"朱祐樘。文华殿上，皇帝朱祐樘头戴翼善冠，身穿龙袍，严肃中透露着仁厚。

新天子带来了新气象，英明的诏书一道连着一道：拿下宪宗年间不作为的"纸糊三阁老，泥塑六尚书"，改任一帮有识之士如刘健、邱浚、李东阳、何乔新等人为新的中央高层；清算妖人李孜省、太监梁芳等人；颁布新政策，发展国民经济……

 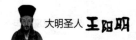 大明圣人 **王阳明**

在这样四海升平的大背景下，王阳明的婚事被提上了日程。一个惠风和畅的日子，王阳明奉父命，带着婚书和彩礼从北京出发，前去迎娶江西布政司参议诸养和的女儿。

"江北婚礼浮于男，江南婚礼浮于女。"诸养和祖籍浙江，本就注重嫁女，再加上亲家是老友加京官状元郎，婚礼自是要办得隆重些。

结婚当天，诸府张灯结彩，连家禽都被戴上了大红花，厅上院中都是前来道喜的官员、名士、亲朋好友，府门口也挤满了不少看热闹的当地百姓。

诸养和一面乐呵呵地张罗着招待客人，一面美滋滋地想着："这些人一是捧我的场，但更主要的是给亲家公王华面子，听说新姑爷还是仙娥送来的，学识也不错，将来一定错不了，女儿有福气啊！"

只是，梦太美，就容易破碎，特别是赶上些奇怪的梦中人。

户主喜气洋洋，下人们却早就忙得不可开交，但他们忙碌不是为照料客人，而是为了找新郎。原来，新郎已经丢了好一阵了，他们原本是打算在不惊动诸老爷子的情况下悄悄把人找到，可是，新郎竟像是从人间蒸发了一样。随着吉时的一点点临近，诸养和还是知道了这件棘手的事。

简直是晴天霹雳！这下连阅历丰富的诸养和也不淡定了，他从"美梦"中惊醒："找，挖地三尺找！"一时间，诸养和做了无数个猜想："这小子是看不上我家姑娘，嫌弃他这老丈人官小，或是不满意这桩包办婚姻？该不会出什么意外了吧？"他越想越慌。

接下来，派出的家丁甚至官兵带回来的消息都相同：人没找到。

新媳妇焦灼地坐在新房里咬嘴唇、拧手帕，诸夫人更是陪着吧嗒吧嗒地掉眼泪，诸养和的高血压、冠心病、老寒腿都跟着发作了……

婚宴在尴尬中散场，诸家人度过了一个四处寻找新郎的夜晚。直到第二天早上，新郎才风风火火冲进了诸府。

王阳明跪在诸养和夫妇面前，沉痛检讨自己的"罪行"：因为看别人都在为婚礼忙活，自己帮不上忙便感觉很无聊，第一次当新郎他又感到很紧张，便习惯性地一个人出去散步，结果溜达到了铁柱宫。他消失的这一天一夜都在与宫中老道士谈养生，以至于将大婚一事忘得一干二净。

"丢下新娘子，自己却和一个老道待了一天一夜？"在场的人无不诧异，等着诸养和发言。

应该说，诸养和的确是个见过世面的人。在这个沉寂的时间段里，他反复思索着：我该说什么、做什么，是打这浑小子解气，还是相信他，和他谈谈这一天的养生收获。诸养和想着，眼神已经投向了他的妻子。

诸夫人会意，迫不及待地扶起了王阳明："人回来了就好，婚礼补办也是一样的。"

是啊，谁叫丈母娘看姑爷越看越喜欢呢，不原谅又有什么办法呢，难不成要让他休了宝贝闺女吗？诸老夫人这一带头，诸养和也就着台阶下了，那就皆大欢喜吧。

就这样，在正式结婚的第二天，王阳明第一次正式地见到了自己的妻子，一边任人摆布着进行婚礼仪式，心却又回到了昨天，回到了铁柱宫。

在那里，只有他和一位不知仙乡何处的老道。老道士先是结合庄子的养生经告诉他：养生，最主要的是秉承事物的中虚之道，从饮食、休息等生活习惯，到处世态度都要听凭天命，顺其自然。不要过度开心，以免伤了阳气；也不要过度愤怒，以免伤了阴气；更不要弄得阴阳失调。

这些，王阳明也是接触过的，但他仍然听得十分投入，特别是看到老道士一把年纪还这样健硕、有精神，他更被老道士接下来所说的养生经验与长生不老之术所吸引。谈到兴起，身有病根的王阳明当即打起坐来，以沉静调养病体，止住内心的急促，止住身体各种感官的纷扰。

或许，静坐在铁柱宫中忘我的王阳明自己也不知道，是养生之道太吸引人，还是他根本就在刻意去屏蔽某些事情：对于突如其来的这场婚姻，他其实并非心甘情愿，他总觉得自己还小，还有着漫长的成圣路要走，儿女私情应该放一边。更何况，这是娶一个没有任何感情基础的陌生女子啊！可是，自己不是和尚道士，也到了"合二姓之好，上以事宗庙，而下以继后世"的年纪。而且，母亲不在了，娶一个女人进来，也方便照顾年事已高的爷爷奶

 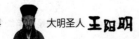

奶。就这样被安排了人生大事，不妥协就对不起家族；若不进行抗议，又觉得对不起自己。

这样的相遇到底是劫还是缘？王阳明无暇多想。从铁柱宫回来当新郎，他也只能一切顺其自然了。

蜜月期走出的书法大师

婚，到底还是结了。

婚后的王阳明和妻子一起暂住在岳父家，开始了他们短暂而甜美的蜜月：吃饭、散步、拜佛、逛街。回归到平淡的生活，小王夫人自然能适应，像她这样的江南女子，只要有针有线有布料就不会寂寞，现在她又多了丈夫这么个活衣架，她每天的日程就是不停地给王阳明做衣服、做鞋，在上面绣花，没事还能跑到老人面前撒娇："我哪儿也不去，就要和爸妈过一辈子。"这个贤惠的傻姑娘还不知道，她眼下拢住的只是丈夫的人，并非丈夫的心。

本来，很多人的婚姻都是在平淡与日常琐碎中度过的，甚至很多夫妻共同生活一辈子也没能碰出什么火花，但过得也不错。不过，高要求的人还是希望在平淡的表象背后能有一些深层次的交流。

很明显，这份婚姻里没有。

机械般重复的日子，使得王阳明的小心脏早就扑通乱跳了："圣道"还未踏上，自己却困在这小府院内"你侬我侬"，毫无作为。可是，考虑到那次"逃婚"对老丈人一家造成的极大心理伤害，再加上父亲千里传书责骂，他只得拼命地控制自己，千万别再闹出什么大动静来。

既然光阴不能虚度，理想不容亵渎，那就只能在有限的空间与时间里，做无限可能的事业。

王阳明苦思冥想着：如果是圣人，现在这种"超业余时间"应该拿来主攻什么？读书？读太多了，有点儿闷。下棋？岳父没空，妻子没技能。弹琴？似乎太高雅，一时半会儿学不来。看来范围得限定为"一个人能独立完成的事"。

王阳明又想：先不说圣人，就是作为普通的读书人，自己的基本功还有哪个环节最薄弱，可以短期突击？思来想去，王阳明终于想出了一件重要营生——练习书法。

中国人常说："字如其人，字能看出人的品性与修为，能写出好字的人一定也差不了。"这话虽然有点儿刻板印象，却也有一定的道理，毕竟好字能给人带来美的视觉享受。在全民都崇尚读书的年代，一手好字甚至能让一篇普通的文章增色不少，更何况，从王阳明的实际需求出发，一个满口大道理，又十分完美的圣人，字怎么能写得差？写得一手好字，是圣人最基本的"职业素养"之一。

同时，作为王家子孙，王阳明觉得，在书法上有些造诣是自己的本分。

从王家这一支的家谱往上数，老祖宗王羲之的身份首先就是个书法家。王羲之"慕张芝，临池学书，池水尽黑"，所作《兰亭序》"字既尽美，尤善布置，所谓增一分太长，亏一分太短"，千古流传。王羲之的书法不但影响了一代又一代的书法家，更影响到了王家的后代子孙，他的四个儿子凝之、涣之、徽之、操之都是公认的书法家，特别是他的第七个儿子王献之更是了得，被称为"小圣"，与他一起被世人合称为"二王"。以后，王家这一支的后人中，书法人才辈出，比如，王阳明的状元老爹王华就是一位响当当的书法家，他于东阳卢宅题的隶书门联"衣冠奕叶范阳第，诗礼千秋涿郡宗"，几百年后仍然英气逼人。

不得不说，王氏这一支是一个长于书法的大家族。事实也证明，王阳明的基因中刚好也有这样优秀的核酸单体。

所有想法一综合，练习书法就成了必要且紧急的事。

当天下午，诸养和一下班，行动派王阳明就飞奔过去，认认真真地汇报了自己的新计划。

一会儿工夫，他就从老人家的书房里抱了一摞字帖出来，之后又折回去

 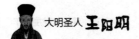

好几次，运了几批到自己的书房。他还请诸养和帮着参谋，开了一列的名帖清单，吩咐家丁当即出去寻买，而他自己则转身去挑笔墨纸砚了。

当天，王阳明书房中的灯亮了一夜，可成果却让他不满意——写得不怎么样啊！

看着连早饭都吃不下的姑爷，诸老爷子心疼地感慨道："欲速则不达哟！"

这段似曾相识的话，倒是给了王阳明极大的点拨，在铁柱宫，老道士不是告诫他要顺其自然吗？

此后，王阳明不再强求自己每天必须写几页纸，也不必非要达到什么程度，但要保证每天都坚持练习，也尽量多写，而且每天都要有进步，他希望通过长期量变引起质变。这样一来，心理压力果然没有那么大了，字也顺眼了不少。

但是，一个问题还未彻底解决，另一个问题跟着就来了。王阳明发现自己临摹来临摹去，字倒是和原帖有几分相像，却总是缺少灵气，更缺少自己的灵魂。

总结了先前的经验教训，王阳明调整了学习方法，不再盲目地临摹，而是先凝神静思，让字的形态气势了然于胸，再恭恭敬敬地下笔。

婚后在江西的一年，王阳明在爱情上没有明显进展，在书法上倒是突飞猛进，如有神助，当然这个神不是别人，而是他自己。

成为书法家的王阳明渐渐明白，原来好字的"理"并不在笔和纸上，而是在心上。

此时，二十岁出头的朱祐樘正对着江山画卷，写下了自己皇帝生涯中少有的败笔。

原来，朱祐樘在即位清算时做了一个十分不成熟的决定，就是留下上一代大学士刘吉，还让他做了官员中的一把手。这位刘吉是出了名不怕弹的刘棉花，人品也极差。最开始大学士刘吉贼喊捉贼，致使那些检举他的正直官员或入狱，或被发配。打压检举者成功之后，他又联合一些没节操的大臣，共同诬陷他人，企图将南京、北京那些"多话"者一网打尽。虽然中间申冤、求情的官员数不胜数，但孝宗皇帝还是选择一再地相信刘吉，几次三番，最终搞得敢直言的公检法部门都成空衙门了。

或许，每个人年轻时都轻信过几个人渣，好在这位天子是用心在指点江山的，虽然他的一些决定在短期内对一部分人造成了伤害，但是作为弥补，朱祐樘给大明的是未来十几年的"弘治中兴"。

一场场成人礼过去，到了这一代长大成人的季节了。

第三章　一代人的科举往事

理想丰满，现实骨感

明弘治三年（1490），王伦在余姚去世，王阳明悲痛不已，似乎一夜间长大成人，开始着手参加三年一度的科举考试。他将自己闷在房间里日夜苦读，想化悲痛为力量，希望不负爷爷的期望，更不负家族的重托。

明弘治五年（1492），王阳明一举通过浙江省的乡试，取得了进京参加会试的资格。

这年，王阳明二十一岁，与他一起成为举人的还有余姚的一个老大哥，三十出头的孙燧，一个超有骨气的男人。

至于王阳明会不会考中，王家人没担心过这个问题，他们相信，凭王阳明的能力，考中进士一定如探囊取物，最好的情况是家族又要出个状元了。他们是这样想的，王阳明也是这样想的。

决定人生命运的考试就要开始了，全国各地的举人们都在上演着"头悬梁、锥刺股"的励志剧。家中有举人的女人们，但凡经济条件允许的，都在变着花样弄一些滋补食物，她们的价值在厨艺比拼过程中微弱地闪了闪。

王阳明反倒不紧不慢起来，因为另一件事被他提上了日程，还占据了他大量的复习时间，那就是修身养性。背着父亲，王阳明把《四书大全》《五经大全》这些官方参考书和朱熹著的那些参考资料都请到一边，而是沉浸在一些"闲书"的世界中。只见他一会儿和庄生一起幻想自己是只蝴蝶，一会儿又正经地抄佛经以求明心见性。

在常人看来，王阳明可能是疯了。有人出来发言："患者是考前压力太大，所以做出一些奇怪的举动来释放压力。"

王阳明倒是没说什么，对于他而言，彪悍的人生向来不需要解释，现在不会，将来也不会。那些不理解的人或许忘了，王阳明是要做圣人的人。对于一个时刻以圣人标准来要求自己的人来说，是八股文重要，还是伟大的德行重要？

但这一次，王阳明失败了，确切地说是丰满的理想败给了骨感的现实。

明弘治六年（1493），已经过了二十七个月守孝期的王华回京复职，还升了官，当年会试的考官们正是王华的同事。

放榜的日期到了，王华在府上焦灼地踱步，派出去的家人一拨接一拨，得回来的结果却只有一个：王阳明确实不在榜内。

王华觉得不可思议，王阳明也有点儿诧异，但现实就是现实，不以一家人的意志或个人的意志为转移。

但此刻的王华还不敢表现出沮丧，第一，他不想伤害到儿子的自尊心；第二，王华的同事们来了，他们是专门来慰问的，慰问队伍的带头人是吏部侍郎李东阳。

可不要小看了这位李东阳，他可是当时的文坛领袖，随便说几句话就是文化界的头条新闻。但是李东阳的为人很难捉摸，比如说，他身上有正气，他的诗多针砭时弊、忧国忧民："举头观天恐天漏，此时忧国况思家，不觉红颜坐凋瘦。"他身上有大气："万里乾坤此江水，百年风日几重阳。"同时，这个人身上也有邪气，有小气。

看着一脸正经的王阳明，李东阳又惋惜又好笑，他对这个小子的才学和事迹早有耳闻。和王华寒暄了一阵，李东阳又转回身来，对王阳明说："贤侄啊，你这次没考中没关系啊，下次一定考中，没准也像你父亲一样是个状元

 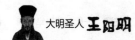

呢！不如你作一篇《来科状元赋》吧。"

还没等王华阻拦，在场的人已经开始起哄："是啊，是啊，来科状元！"

王阳明可没管什么父亲的眼色，更没管这帮叔叔大爷们是什么心态，他最不怕的就是现场考试了；更何况，此时他也需要一个机会来发泄一下心中复杂的情结，那就自谑一下吧。

思忖半刻，王阳明大笔一挥，一蹴而就。那一刻，人们看到了这样的画面：

新科状元王阳明自信满满地出现在御前和街上，他就如那高悬夜空的明月，"天上一轮才捧出，人间万姓仰头看"，天下才俊在他"天下第一"王阳明眼中也不过是泛泛之辈。他还扬言要驰骋疆场，建千秋功业，做古今圣人。真是好不潇洒神气！

这哪是什么假想的来科状元，这分明就是一个当科状元在激情演讲啊！

本是同情、起哄还带着一点儿戏谑的氛围，在王阳明的《来科状元赋》一出炉后当即变得更为微妙，四座掌声叫好声响起："好好好，有才有才有才！""那就恭喜王公子下次独占鳌头喽！"

儿子如此大言不惭，还在诸位学术泰斗面前如此高调，王华一面解释着"犬子年少轻浮，让各位见笑了"送走客人，一面已是全身冷汗。

从王家出来，李东阳倒吸了一口凉气。他身边的几个人不淡定了："小小年纪，还未得中就这样嚣张，要真中了状元还会把我们这些人放在眼里吗？"

是的，这几个人在犯硌硬，这种硌硬的背后是嫉妒。

电影《东邪西毒》中有句台词说："很多年之后，我有个绰号叫作'西毒'。其实任何人都可以变得狠毒，只要你尝试过什么叫作嫉妒。"事实证明，不用很多年，仅三年，王阳明就尝到了。

同一场科举，多少意外

二月，春寒料峭。全国各地的考生们聚集北京，像犯人一样被关在一起三天三夜，做着同样一份死气沉沉的卷子。

这些考生，你可以说他们是"迂腐的书呆子"，却不能说他们是"平庸的书呆子"。他们可都是从全国各地经过层层残酷角逐杀出来的选手。在院试中，他们打败了所在县里的优秀读书人；在乡试中，他们又战胜了所在省里的优秀读书人。只要在会试中拿到高分，进入前一二三等，他们就可以光荣地在大殿上参加殿试，接受皇帝和一些重要文官的面试，然后再得个一官半职，从此踏上仕途，光宗耀祖。但美中不足的是，会试三年才举办一次，错过一次就又要等三年。

明弘治九年（1496）会试，出乎所有人意料，王阳明又一次马失前蹄。

第二次落榜后，年少轻狂的王阳明不服也不爽，他干脆跑回余姚老家吟诗作赋去了。夏秋之时，南方的瓜果梨桃都开始熟了，王阳明组织当地的一些文人骚客结了个龙泉诗社。那些科场不第的文艺青年、不得志的中老年知识分子，都在这里找到了自我存在的价值和发泄郁闷的出口，面临姚江，饮酒下棋，互相吹捧，这个说"王老弟诗才堪比诗仙"，那个说"哪里哪里，刘大哥才是诗圣转世"。此时的王阳明，大有柳永当年奉旨填词的感慨："黄金榜上，偶失龙头望。"

王阳明不甘心，比当年的柳永还不甘心，眼看着当朝皇帝朱祐樘有仁君之度，眼看着能力不如自己的人都在施展拳脚，他又怎甘心忘却凌云志，就这样在山野间做个白衣卿相呢？知耻而后勇，王阳明不想再这样自欺欺人，他毅然从诗社中抽身，又投入科举考试的复习中，这一次，他没有再三心二意。

对于王阳明的第二次落榜，王阳明的父亲王华受的刺激真是不小，他越

 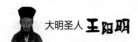

相信儿子的能力，就越难以承受这个结果。王阳明远在浙江的叔叔大爷、堂兄弟们也因为别人的议论而有点儿抬不起头来。是啊，他们也纳闷：这小子到底差在哪儿呢？就在大家以为王阳明会怨天、怨地、怨政府，或是羞愧得无地自容时，没想到王阳明却哈哈一笑，说了一句惊世骇俗的话："世人以不得第为耻，我以不得第动心为耻。"

应该说，经过几年的打击磨砺，此时的王阳明已经到达了他人生中的第一个高度——不动心。别人所纠结的"得第"之事，对他来说只是"区区小事"，站得高远，看得高远，他已经能够不被浮云遮望眼。

原来，虽然事情过去很久了，却还有人没有放下王阳明那篇大作《来科状元赋》，给他"特殊关照"了一下。那个在背后捅刀子打压后辈的前辈到底是谁？是已经升为首辅大人兼主考官的李东阳，还是当时在座的哪位官员？答案被史官压下了。

又是三年。

明弘治十二年（1499）会试，王阳明总算榜上有名了，只可惜不是该得之名。这一次，他是躺着中枪的，因为他被卷进了一场轰动古今的大案——会试泄题案。

说起来，这真是一起冤案。案情还要从当届的主考官说起。

明弘治十二年（1499），京城会试的主考官除了李东阳之外还有程敏政，两位都是重臣，都是学术泰斗，特别是程老爷子，还是位老学究。两个人合计着出了一期生僻的考题，难倒了众考生。

至此，一切还是按正常轨道运行的，转折出现在阅卷时。

阅卷官员发现众多试卷中有两张答得不但切题而且出彩的卷子，程老拿起来读了又读，不禁拍手道："这一定是出自唐寅和徐经之手。"

说者无意，却不料当时在场的其他阅卷老师中，有人"听者有心"。

唐寅是谁？就是苏州四大才子中综合实力最强的唐伯虎，在上京前的当地乡试中，二十九岁的他刚考取了第一名。而徐经则是江苏江阴的著名才子。二人的名声传到京城本不足为奇，但问题就出在这位徐经是个多金的富二代。

很快，京城的街头巷尾都在议论："听说了吗，徐经和唐寅会是状元和探花呢！""听说他们提前得到了试题，因为他们贿赂考官。""是啊，听说给了很多钱。看他们随便出个门游玩都有好多童子跟着，应该假不了。"

可怜徐经和唐寅正吃着火锅、唱着歌等待美好前程的到来，却莫名其妙地陷入了被"听说"编织的命运中。未等发榜，给事中华昶等人迫不及待地弹劾了程敏政，说他"鬻题与举人徐经、唐寅"。

天子脚下，主考官卖题给考生，这还了得！皇帝朱祐樘亲自坐镇，命其他阅卷官与程敏政对质。程老爷子穿着囚服仍然坚持自己清白。经查阅，徐经和唐寅的试卷也都不在进士名单内，又经过几次复审，仍然证明"鬻题"一说是子虚乌有。

那么，该还大家清白了吧？可惜，没那么简单。

事情闹得太大了，后果也十分恶劣，它已经上升为一个政治问题。若没有一个"满意"的结果出来，就会有失朝廷的公信力。而且对于众人来说，真相或许并不重要，他们更想要的是心理平衡：富二代一定是只会砸钱的货，若是他们又有才，又有财，那让天下寒门学子情何以堪？

所有的涉案者都为此买了单：经"查证"，程敏政和江苏乡试负责人梁储虽然没有大肆受贿，却是收了徐经和唐寅的一点儿见面礼之类的钱，两人罢官各回各家；那些由程敏政审阅过的试卷均不能成为前三名；原告华昶因奏事不实，遭降职处分；唐寅与徐经则各被打五十大板。结案！

程敏政归家后愤郁发疽而亡，朝廷赠礼部尚书弥补对他造成的伤害。后《孝宗实录》论此事为："言官驳其主考任私之事，实未尝有。盖当时有谋代其位者，命给事中华昶言之，遂成大狱，以致愤恨而死。有知者，至今多冤惜之。"

后世看来仍觉冤，何况当时受冤人？

同一场科举，多少意外。如王阳明的名次就被下降至"二甲进士第七名"，如唐寅、徐经被列入科举"黑名单"，更有一些清白官员无故受累。其中一个很重要的原因就是人心作怪。那摆了王阳明一道的人，那些散布谣言

的官员，都是因为各怀私欲，正如程敏政曾经接过的对联"魑魅魍魉四小鬼，各样肚肠"。但归根结底，这场悲剧的酿成，还是因为"科举"的实质不过是政治工具罢了。

在政治面前，人永远是牺牲品，而良心是奢侈品。

唐伯虎续集："不使人间造孽钱"

生活在电影里的唐伯虎是幸福的：美貌与智慧并重，英雄与侠义化身，娇妻美妾成群，整天和三个才子损友吃喝玩乐、吟诗作画、插科打诨，身后还跟着一大群粉丝哭着喊着要签名。然而，生活在明代的唐伯虎却远没有这么幸福，他二十多岁家道中落，幸好有同学和朋友们接济才能维持学业，上京考试本想奔个前程、改变生活，却没想到遭遇了"会试泄题案"。功名未成不说，更是变得一贫如洗。

会试一案后，唐伯虎心里有一股傲气，更有一股怨气，因此对仕途死了心。背着个"作弊贿赂"的名声，他回到了苏州老家，被自己的妻子狠狠地嫌弃了。夫妻反目，妻子收拾了家里值钱的东西回娘家去了，再也没有回来。

妻子走了，科举没法考了，可是生活还是要继续。摆在唐伯虎面前的是严峻的生存问题。

一个家道中落又四体不勤、五谷不分的读书人能干什么？他会种花草却不会种庄稼，想做生意又不认秤。一方面毫无生存技能，另一方面又"等米下锅"，唐寅在理想与现实间无地自容。

无奈之下，唐伯虎只好亮出自己书画家与诗人的身份，发挥才子的特长，靠卖文鬻画为生，以丹青自娱。

毫不夸张地说，唐伯虎就是为文艺而生的。他所画的山水、花鸟都有灵魂，"山空寂静人声绝，栖鸟数声春雨馀"。他所画的仕女图都有生命，在"钱舜举（钱选）下，杜柽居（杜堇）上"。只是，虎落平阳，唐伯虎要以卖他的字画换取柴米油盐度日。

　　唐伯虎的字画受追捧，用来维持生计是可以的，却远远够不上小康。毕竟大家创作都要凭心情，讲灵感，不能像机器一样大量生产。再者大家的作品也正是因为稀有才更珍贵，要是谁都能轻易买到，就像地摊货，不值钱了。更何况当时还不像几百年后，随便一幅赝品，随便一个小有名气的人的画都可以被炒作出百万千万的价格。没有稳定收入进账，艰难的时候，他还得向好友借钱，拆东墙补西墙。尽管生活这样寒酸清苦，唐伯虎却保持着正气和骨气。他曾写了一首诗，表示自己不会为钱财而出卖自己的人品和良心：

　　　　不炼金丹不坐禅，不为商贾不耕田。

　　　　闲来写就青山卖，不使人间造孽钱。

　　在唐伯虎看来，不义之财是有原罪的。他是这样想的，也是这样做的。

　　三十六岁那一年，唐伯虎看中了城北一处宋人留下的破败别墅，周边怡人的山野之色深深吸引了他，他贷款买下了那块地皮，修了几间茅屋，酷爱桃花的他还种了很多桃树，并给他的新别墅取名"桃花庵"。之后，他花了好几年的时间卖字画才还清了贷款。坞内的桃树花开似锦时，帘内桃花帘外人，人与桃花隔不远，何等的良辰美景，这小小"桃源"也成了煽情的据点，一帮无意或者无缘于官场仕途的书生才子如沈周、祝允明、文徵明等人整日在此饮酒吟诗作画，好不自在。唐伯虎则是在"日般饮其中，客来便共饮，去不问，醉便颓寝"的日子中麻醉着自己的生活和精神。他的精神世界正如他在《桃花庵歌》中所云：

　　　　桃花坞里桃花庵，桃花庵里桃花仙。

　　　　桃花仙人种桃树，又摘桃花换酒钱。

　　　　酒醒只在花前坐，酒醉还来花下眠。

　　　　半醒半醉日复日，花落花开年复年。

　　　　但愿老死花酒间，不愿鞠躬车马前。

　　　　车尘马足贵者趣，酒盏花枝贫者缘。

　　　　若将富贵比贫者，一在平地一在天。

　　　　若将花酒比车马，他得驱驰我得闲。

别人笑我忒风颠，我笑他人看不穿。

不见五陵豪杰墓，无花无酒锄作田。

有许多超脱，更有许多无奈和自嘲，对那些他所经历过的黑暗，无非是"受得住得受，受不住也得受"。

然而，这位大才子凄婉的故事并没有在这"花与人，共相窥"中结束。四十五岁那年，一份来自江西的邀请，还是牵动了他那颗藏匿已久的不甘心，虽然唐伯虎想的是"安能摧眉折腰事权贵，使我不得开心颜"，但他还是不能摆脱读书人的理想桎梏，纵然有"江南第一才子"的头衔，也不如"济苍生，安社稷"更能实现人生的理想。只是，这呼唤他来"建国安邦"的"地王"不是那"帝王"，而是一心造反的宁王朱宸濠。这一切，在没到南昌前，唐伯虎是不知道的。

见到朱宸濠兴师动众筹备造反的时候，唐伯虎的心中有上万只小鹿在奔腾，不敢参与，不愿献计，也无法逃跑，这让唐伯虎在宁王府的分分秒秒都度日如年。思来想去，他只好装疯卖傻，把自己摧残得不成人样，如此才得以从那龙潭虎穴中逃脱，一路飞也似的逃回老家。

"哀，莫大于心死，而人死亦次之。"逃回老家的唐伯虎虽然没有被视为宁王党羽清算，却也受了连累，从此更失去了尽忠朝廷的机会。此时的他终于彻底对自己的仕途死了心，开始整日研习佛法，以"六如居士"自居，向往着"一切有为法，如梦幻泡影，如露亦如电，应作如是观"的空无境界。然而，他穷尽一生都在竭力寻求释怀，却终究是以心为牢，未能真正想开。

不使反王"造孽钱"，唐伯虎失去了最后一次翻身的机会。晚年他在桃花庵内的生活更加潦倒，身体情况也让他难以拿起画笔作画，基本生活都要靠亲家接济。"桃花帘外开仍旧，帘中人比桃花瘦。花解怜人花也愁，隔帘消息风吹透。风透湘帘花满庭，庭前春色倍伤情"，好一派凄凉景象！这位江南第一大才子着实被那个时代和自己的命运坑得很惨。

那年秋天，五十四岁的唐伯虎身感"百年强半，来日苦无多"，这一消沉便成永寂。院内桃花又一岁枯荣，瘦主却一生未得好歇。

回想明弘治十二年（1499），会试考场匆匆邂逅，不知三十岁的唐伯虎与二十八岁的王阳明可曾轻轻拱手，道一声"久仰"，不知那时奋笔疾书抒写豪情的他们可曾隐约感到：不管是才子还是圣人，这一场科举过后，都将是一瓢江湖任沉浮。

或许，有些真相只有到"荒冢一堆草没了"的时候才会被承认。

第四章　狂而不疯的"官二代"

你好，偶像

不管怎样，在花了九年青春与科举纠缠后，王阳明总算迎来了他的柳暗花明：他当官了。

虽然区区一个官职早已不是王阳明追求的东西了，但他还是格外激动，因为他入职之初便接到了一份神圣的差事：建威宁伯王越墓。

像拿到偶像演唱会的入场券，王阳明悲伤、兴奋、感动、泪流满面。

传说王越自小就聪明过人，在参加廷试时，不知从何处刮来一阵狂风，唯独刮走了王越的考卷，他不但没着急，还淡定地向监考老师又要了一张空白的考卷，利用少量的剩余时间重新作答，居然还中了进士。更神的是，那张卷子随风飘啊飘，飘到了朝鲜国，朝鲜使臣在当年秋天来进贡时又恭敬地给带了回来。

王越当官后，每到一地都能"警惕贪污，激浊扬清，议论风发，见事风生，众皆佩服"，让当地百姓的生活提升一个档次。这王越还是一个文艺范儿，写得一手好诗好曲。

但是，让王越真正彪炳史册，让王阳明佩服得五体投地的可不是这些，而是他盖世的军事功绩。

在王阳明还未出生时，王越这位高级文官就临危受命，以武将决策者的身份投入战争。他缮修器甲、精简兵卒，一生指挥的十余场重要战役都能出奇制胜。王越一生三次出塞，收河套地区。

他在河套地区抵御蒙古鞑靼部，创造了永乐朝以来明军与蒙古军对垒最为成功的战争神话。

这样一个英雄故事的男主角，让王阳明崇拜得一塌糊涂。但同样是这个英雄，却偏偏是千夫所指的"白脸奸臣"，这让人很难接受。

是的，英雄也会有弱点，有死角，像希腊战神阿喀琉斯照样有脆弱的脚后跟儿，王越也有。

王越在战场上临危不乱，英勇无比，他的弱点不在于他哪次战争指挥失利，而在于他和太监汪直的关系堪称莫逆，这让人很受不了。虽然最后王越和汪直闹僵了，但他仍洗不去"勾结奸党、助纣为虐"的骂名。

据说，他们这份友情不但为百官、百姓所不容，还惊动了当时的天子。

在汪直当权期间，有个叫"阿丑"的小太监为宪宗朱见深表演过一出戏：小太监喝多了撒酒疯，周边的人提醒他"皇上来了"，他根本不当回事儿；但当有人说"汪公公来了"时，小太监的酒当场就醒了，还吓得屁滚尿流拔腿就跑，边跑还边嘀咕："皇上算什么啊，天下只识汪公公。"

小太监又接着演汪直，只见他得意地操着两柄大钺，哈哈大笑。有人问："你的钺是什么钺呀？"他哈哈大笑道："王越、陈钺两位将军啊。"

对于前一幕，朱见深只是单纯地看了个乐呵，并未言语。而看过后一幕，朱见深又是一笑，笑过之后却陷入了深思。的确，他冒天下之大不韪宠信一个太监，那是因为他认为太监闹不出什么大动静，他甚至可以重用这个太监为监军。但是如果这个太监与当朝最优秀的军事将领勾结，那后果会怎样呢？

朱见深虽然没有原则，却不傻。

王越一生中六次遭到弹劾，其中有实的，也有虚的，有的说他和汪直关系非凡，也有的说他太贪功，这些都直接或间接地影响了他的政治生涯。

明弘治十一年（1498），王越在甘州前线心有不甘地去世了，死前头上仍

扣着一顶不知从哪里冒出来的反叛帽子。

世人说王越是攀附汪直，可谁又能说汪直就没有结交朋友的权利，谁又能说王越就没有交朋友的选择权？世人都说王越贪功，可他之后的大明王朝，却少有人再能有他一样的功绩。我们也能从他的诗情中触摸到他内心深处的一份平静，请看他的《浪淘沙》：

远水接天浮，渺渺扁舟。去时花雨送春愁。今日归来黄叶闹，又是深秋。

聚散两悠悠，白了人头。片帆飞影下中流。载得古今多少恨，都付沙鸥。

好在这时的皇帝朱祐樘给了王越一个相对公允的评价："惊，辍视朝一日，以示悼念。赠太傅，谥号襄敏。"

王越的确是明朝历史上难得的军事将领。对于王越，王阳明和皇帝的看法是一致的，那就是：去其糟粕，敬其精华，给予超越世俗的尊重。

王阳明奉旨建王越墓，他以自己的方式祭奠心中的英雄，将兵法运用到了这次建墓工程中。

开工前，他就根据民工的人数与身体素质，实行军队式的编制，要求全员执行"什五法"的工作计划。工作过程中，王阳明不为追求工程速度而压榨民工的休息时间，相反，他让大家劳逸结合，该吃吃，该睡睡，该工作时绝不含糊。另外，王阳明还在业余时间组织民工操练诸葛亮的"八阵图"。

在王阳明的部署与督导下，民工们的工作效率得到极大提升，墓地也如期完美竣工。王阳明拒绝了王越后人送来的金银财宝，但收下了他们赠予的那把咸宁宝剑，那是随王越出塞征战的佩剑。因为他曾经在梦中接受过王越的这把剑。

接过它，期待有朝一日挥剑沙场，横槊磨盾，谱驰骋之壮歌。

刑部来了个王青天

明弘治十三年（1500），三十一岁的皇帝朱祐樘因为没忘记在宦海中看王阳明的两眼，特意为他指派了一份在基层锻炼的工作——刑部云南清吏司主事（监管全国总监狱中的云南分监狱）。这一年王阳明二十九岁，跪在大殿上"谢主隆恩"。

这里有一个疑问：两岁之差，怎么人和人的差别这么大呢？朱祐樘日理万机，掌管天下大权，而王阳明却要在底层跑腿、监工，这合理吗？

或许这是一个历史都难以满分作答的题目。

王阳明虽贵为状元郎的儿子，但还是得凭自己的实力考科举，碰到打压和意外，还要"留级"几年，入仕后，就得从基层做起。而朱祐樘在自己还没有准备好时，就已经被推到龙椅上去，决断国家大事，因为他是"皇二代"，不管愿不愿意，他都得跳级。

所以，虽只两岁之差，王阳明还只是个仕途新人，而朱祐樘已经是一位从政十多年的老前辈了。说起来，王阳明的才华能被发现，也是靠他自己争取来的。

这要追溯到年前的两件事。明弘治十二年（1499），王阳明主持修建了王越墓，干得不错，为朝廷长了脸，也了却了孝宗的一桩心事；同年，北京上空划过一颗大扫把星，蒙古人又开始在边境挑衅了，官员们纷纷上书进言，已经吃皇粮的王阳明再也按捺不住心中的那份使命感，也写了几千字的《陈言边务疏》，这一次没有人阻拦，皇帝看到了他关于国家弊病和军事训练等问题的见解。

皇帝认可王阳明的理论，但是国家建设从来不缺少理论，缺少的是有效的执行者和有效的执行。一个新科进士，谁能保证他不是眼高手低的空想家？

为了表扬、鼓励和继续观察王阳明，朱祐樘虽然没安排他去戍边，却给他一个"狱官儿"的活儿让他锻炼。这官职说大不大，说小的确挺小的，王阳明倒也不嫌弃，至少可以实战了。

王阳明永远也忘不了第一次巡狱时的场景：晦暗的光线下，囚徒们身穿囚服，披头散发，大多看不见头发下面遮住的脸；监狱里汗味、尿臊味、霉臭味与痛苦的呻吟声混在一起。见有官员进来，有人抓着栏杆喊冤，有人只是淡淡地抬头看一眼，有人竟像是全然不知道有人进来这回事。狱卒们的态

 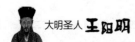

度也很粗暴，对囚徒呼来喝去，看不顺眼的还踢上一脚，即便是当着长官的面，依旧没有收敛，仿佛里面住着的不是人而是牲畜。

更夸张的是，王阳明赶上了囚犯们的晚饭时间，他眼见着那些人吃的饭连牲畜的粮食都不如。几个资历老点儿的狱官见王阳明不悦，还一本正经地解释说："是没有粮食了才会吃米糠的，不总是这样，只是赶上了就委屈他们几顿。"

"是吗？我怎么听说朝廷有给囚犯专门拨粮食啊。"王阳明冷冷地答道，他可是提前做过调查的。

继续巡视，王阳明亲眼证实了他所听到的传闻：一群肥猪吃得正欢，吃的还正是朝廷拨给囚犯们的粮食。更可怕的是，这竟是刑部大牢里多年来的潜规则：猪养大了，分给狱中的工作人员吃。

这简直是猪吃人啊！王阳明很生气，也很痛心疾首。

他找到自己的上司理论，主管见他态度坚决，一身正气，有种被抓包的尴尬，只好任他去了。

王阳明对刑部人员进行了一次思想教育，他从理的角度告诉大家"这样做是在给朝廷结怨，是不利于国家发展的"。从情的角度，他说："犯错的人也是人，就该享有人的基本权利和尊重。"训完话，他当即命人将牢中所有的猪都杀了，分给犯人吃。

事实证明，这不是一次作秀，因为王阳明还郑重地发了公文，告诫以后不许再发生这样的事。

犯人的伙食问题解决了，王阳明又开始处理"提牢主事"（狱官们）的旷工问题。因为监狱条件恶劣，不闹出乱子，上级领导就不会"莅临视察"，所以，那些本该定期来值班的负责人也都不愿意现身，导致监狱里"躲猫猫""猪吃人"等现象越发严重。

这种问题，上级不是没操过心，只是他们没找到合适的解决办法而已，也就睁一只眼闭一只眼了。

王阳明命令提牢主事们每次值班时都要写上自己的名字和值班时间，以

实名制签到，避免了代签和旷工的行为，在特殊事件发生时也能及时找到责任人。

刑部来了这样一个精明能干的硬茬儿：为人刚直不阿，又有个大官老爹的背景。部门里的硬骨头都丢给他去啃。

明弘治十四年（1501），部门领导安排王阳明去江北监狱突击检查，审决直隶、淮安等地的重囚积案。

这一次，王阳明仍是雷厉风行，没有严刑拷打，以良心为基础，以法律为准绳，以计谋为手段，俨然一个"王青天"：为冤狱者沉冤昭雪，还无罪者清白，打掉长期在监狱"养老"的"关系户"，果断处理那些拖延不办的案子。

看他审案，不管是当地的官员、差役、百姓还是受审犯人，都感到惊心动魄，也觉得不可思议。有时候，王阳明会把审案变成"思想品德课"，他会苦口婆心地教育犯人招供，要他们洗心革面；有时候，王阳明又会变得很凶悍，很狡猾，甚至出一些"损招"让奸诈的犯人上套。

事实证明，仕途没有捷径可走，王阳明却凭着良心、智慧与勇气为自己开辟了一条"绿色通道"。所处的舞台虽小，却不影响他演绎精彩剧情。只是，那时的王阳明若是知道几年后，自己也会有一场牢狱之灾，又会作何感想？

九华山上神仙多

明弘治十四年（1501）冬，王阳明忙里偷闲，第一次上九华山。

九华山作为佛教的四大名山之一，是"地狱未空誓不成佛，众生度尽方证菩提"的大愿地藏王菩萨道场。论起这山名的来源，还有点儿故事。这山本来叫"九子山"，是佛教文化圣地，风景秀丽。那些年，李白游此山成瘾，作了不少诗不说，还专门把山的名字改为"九华山"。诗仙的"广告"力

 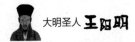

度果然是不可小觑的，山没反对、政府没反对，老百姓更是开心地口口相传："叫九华山好！"从那以后，上山的文人雅士就和前来拜谒的佛教徒一样多了。

登上九华山，王阳明看到眼前的景象顿时惊呆了，果真是"天河挂绿水，秀出九芙蓉"。再加上这里厚重的文化底蕴，简直是人杰地灵啊。

这心情一澎湃，诗性就大发，王阳明当即挥毫作了一曲《九华山赋》：

循长江而南下，指青阳以幽讨。

启鸿濛之神秀，发九华之天巧。

非效灵于坤轴，孰构奇于玄造。

涉五溪而径入，宿无相之窈窕。

访王生于邃谷，掏金沙之清潦。

凌风雨乎半霄，登望江而远眺。

步千仞之苍壁，俯龙池于深窅。

吊谪仙之遗迹，跻化城之缥缈。

…………

此时的王阳明，仿佛置身于梦幻中的仙境，"扣云门而望天柱，列仙舞于晴昊"，"下安禅而步逍遥，览双泉于松杪"。在黄石上休息，麋鹿群在左右嬉戏，白鹤在云峰中招之即来，嘉鱼在龙沼中垂手可钓，各种花木的幽香在鼻间萦绕，听着洞箫，尘寰纷扰渐渐消失不见。

此时的王阳明，甚至连建功立业的梦想都能抛却，宁愿终老在这像莲花一样遗世独立的九华山上，剩下的只是一颗纯净的心。

来到文化圣地，若只是看看景色就走了，那不是王阳明的风格。

这里的仙人景观果然没有让他失望。

第一位走进王阳明视线的是实庵和尚，他是王阳明在九华山的"房东兼导游"，两人白日里一起游山，夜里一起论佛，以青山绿水、松声竹韵论禅机，很投机，也很快活。

王阳明很喜欢这个有点儿人间气的和尚，还专门送了他一首诗曲：

从来不见光闪闪气象，也不知圆陀陀模样；翠竹黄花，说什么蓬莱方丈。

看那九华山地藏王，好儿孙，又生个实庵和尚。噫！那些妙处，丹青莫状！

但就佛学修行来说，像实庵和尚这样的"小仙"，人间寺院里一抓一大把。

离别了小仙，王阳明开始寻访大仙。原来，这里竟然还住着一位货真价实的道士，看来真是佛道不分家啊。这个道士叫蔡蓬头，人如其名，头如其名：蓬乱。王阳明费了很多周折，才在九华山东崖上找到了他。这位蔡道士开始倒是很配合，王阳明一发出邀请，他就接受了，但也仅仅是接受邀请。

待到了王阳明的住处，蔡神仙的"架子"就来了。

王阳明问道，他就只会说："尚未。"

王阳明再问，他仍只是说："尚未。"

王阳明倒是不介意，只当有仙风道骨的人难免孤傲，可是他越恭敬，老道越是"蹬鼻子上脸"，只会说"尚未"。

最后老道士干脆撂下一句："你虽然以礼隆重待我，却仍掩盖不了你的官相。"说完，扬长而去。

蔡蓬头的意思很明显：年轻人，你官僚，你还是个俗人！

王阳明一听，不但没生气，反而乐了，感谢老道士骂出了他的弱点，让他知道自己还差一颗初心。

与这样一位道行高深的道士论道，真是件很刺激的事。王阳明决定继续拜访下去，他要寻到大修行者。功夫不负苦心人，在他人的指点下，王阳明在九子岩下的地藏洞中找到了一位高僧。

这位高僧已经一把年纪了，是个古怪的老和尚，在地藏洞中过着原始人般的生活：食甘露、草根、松子、树皮，穿兽皮，以天地为铺盖，一副不是凡人的模样。

对于这位大师，王阳明是十分尊敬的，虽然他知道老人并非真的神仙，而是一位道行高深的苦行僧；但是，愿意用整个生命去修行，这得多放得开，多看得开啊！

老和尚不问王阳明来自何方，也不管他将去向何处，只是将他当作有缘众生之一。出乎王阳明的意料，他与老和尚的聊天很随意、很舒服，甚至没

用什么佛家的专业术语，只是在讲花草、讲起居，却又是讲人生、讲过去、讲未来、讲死生，又像什么也没讲。

聊了一阵，老和尚像是累了，对王阳明说了一句："你无缘做什么神仙，还是做你自己吧。"然后鼾声起伏。

数日之后，王阳明再来问佛，却发现哪里有什么老和尚，竟是空空如也，丝毫没有人类待过的痕迹。

活佛没了，王阳明倒也不着急找，因为他已经问到了道。

王阳明一生几上九华山，每次来都有不同的感悟与收获，因为这座山美丽又神奇，蓬壶藐藐，九华矫矫，也因为它承载着佛与道的神秘。直到有一天，王阳明再也不用人到山中，也可以如在山中，因为那些美丽、神奇与道义都已经深深印在了他心上。

出入佛老，休假也要折腾

明弘治十五年（1502），那是王阳明为官后第一次向皇帝告假，也是他职业生涯中难得一次痛快的成功请假。

一面仕途蒸蒸日上，酬壮志指日可待；另一面自己的身体状况却是红灯高挂，哮喘加重。思量再三，王阳明决定先强身，再奋斗，也只有这样，才能让奋斗和奉献更长久。

况且，为圣若是久长时，又岂在乎一朝一夕。

孝宗皇帝收到王阳明的病假条后，朱笔一批：好好回家养病去吧，身体要紧。皇帝没有挽留，除了体现他对臣子的体谅与关爱，也证明这时真的不缺能人。

有点儿小失落，又有点儿小解脱。王阳明脱下官服，回浙江老家养病去了。

说是养病，还真是养病。因为王阳明的病在那时很难去根，没手术可做，也只能用药调理，遵医嘱，按时吃药，多休息，多呼吸新鲜空气，保持身心愉快。

若一切都按部就班，没有节外生枝，那就不是王阳明了。

这一天，王阳明换上道服，戴上道冠，拿上拂尘，带上《易经》等一系列道家参考书，将自己关进一个清幽的山洞，一关就是数日，在里面饮食起居，修行"导引术"之类的气功来疗养身体。

朋友们听到此事，都打趣道："他可能不是身体病了，是脑子病了！"正当这个笑话传得沸沸扬扬时，又有一个震撼的消息传来：王阳明"通灵"了。

有一次，王阳明一早就念着"有朋自远方来"，他派仆人到指定的地点去迎接，还说出了朋友来时会经历的事。仆人被唬得一愣一愣的，又不好多问，只当这位小主子又发什么神经，屁颠屁颠照做去了。

朋友见到仆人，双方都大吃一惊。听仆人转述王阳明所说他们来时的经过，竟然分毫不差。朋友一路小跑到王阳明打坐的"阳明洞"，夸赞道："王兄啊，你已经是半仙儿了。"哪料王阳明却"嗖"地从蒲团上起来，整理了一下衣衫，宣布"出关"。

朋友急着阻拦，连仆人也跟着急了："您修炼了这么久，现在不是应该趁热打铁继续修炼吗？"

王阳明却只淡淡一笑："这不过是些小聪明罢了，不是道的本体。"

此后，王阳明毅然放弃这种浅层次的修炼，向道的更高境界进军。

放假的日子很长，也很清闲，没有公事困扰，王阳明在浙江和周边地区游山玩水，跑到人家寺院里去写禅诗、参禅悟道。

他游牛峰寺，在景与禅中升华："一卧禅房隔岁心，五峰烟月听猿吟。飞湍映树悬苍玉，香粉吹香落细金。翠壁年多霜藓合，石床春尽雨花深。胜游过眼俱陈迹，珍重新题满竹林。"

他跑到万山深处的化城寺，在人家的高阁看雨看月亮："化城高住万山深，楼阁凭空上界侵。天外清秋度明月，人间微雨结浮阴。钵龙降处云生座，岩虎归时风满林。最爱山僧能好事，夜堂灯火伴孤吟。"

 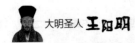

他还会再登上九华山，于月照五溪花时，在无相寺小住："春宵卧无相，日照五溪花。掬水洗双眼，披云看九华。岩头金佛国，树杪谪仙家。仿佛闻笙鹤，青天落绛霞。"

明日归城市，路过芙蓉阁，他认为这不是给凡人歇脚的地方："岩下云万重，洞口桃千树。终岁无人来，惟许山僧住。"

他游李白祠，叹千古人豪，还不忘自索题诗："谪仙栖隐地，千载尚高风。云散九峰雨，岩飞百丈虹。寺僧传旧事，词客吊遗踪。回首苍茫外，青山感慨中。"

但在逛了那么多的寺院，吃了人家不少僧粥、斋饭后，王阳明却干了一件让僧人们"吐血"的事。

王阳明游西湖，玩得很开心，喝得酩酊大醉，还写了两首诗：

十年尘海劳魂梦，此日重来眼倍清。好景恨无苏老笔，乞归徒有贺公情。

白兔飞处青林晚，翠壁明边返照晴。烂醉湖云宿湖寺，不知山月堕江城。

掩映红妆莫谩猜，隔林知是藕花开。共君醉卧不须到，自有香风拂面来。

人们并非不愿意见他在深夜里买醉，要知道，王阳明也是人，喝醉也是人之常情，而他的诗又给西湖增色了几分。但非人之常情的是，他在西湖边上"度"了一个和尚。

有一个和尚，连续三年打坐都是不睁眼不说话，他自认为将生死红尘都看破了。

这一天，王阳明见到这和尚，便朝他大喊："这和尚整天嘴里碎碎念是在说什么？每天睁大眼睛又是在看什么？"

和尚一听，当即睁开眼与王阳明理论。

王阳明倒是没与他论什么佛家公案，只是问："你家中有老母亲吗？"

和尚一愣，回答说："有。"

王阳明又问："你想念你的老母亲吗？"

和尚思考了很久，十分肯定地说了四个字："不敢不想！"

这个回答吓坏了旁边的小和尚们："大师啊，出家人四大皆空，您怎么能想念老母亲呢？"那和尚一听，却更像是触动了心弦，泪流满面。

王阳明接着说道："既然家有老母亲，你在这里修的又是哪门子的佛？"

第二天一早，就有消息说，那位和尚已经收拾行李，放弃佛家身份，回家赡养老母亲去了。

和尚们都很震惊，他们委婉却坚决地送走了王阳明。王阳明也很震惊：原来不管什么王权富贵、戒律清规，还是什么神仙法力，只有人性才是高于一切的法门。

只是，"人性"这个理到底能经得起多大的考验？它是不是天地万物的那个理？是不是做圣人的理？

王阳明还在找寻着，美好的假期却已经结束了。这一年，王阳明体验过当道士的滋味，还劝了一位和尚还俗；"晴雪吹寒春事浓，江楼三月尚残冬"，王阳明在云深帘幕处倚蓝天望北边；"十里湖光放小舟，谩寻春事及西畴"，王阳明在草香雨气中野老情深自行乐；"风吹蝉声乱，林卧惊新秋"，王阳明在青峰山池边"祖裼坐溪石，对之心悠悠"；"柯家草亭深云里，却有梅花傍竹开"，王阳明从九华山下柯秀才家的深萝幽径处归来……他迷茫过，也悟过，却还在寻找着那让一切通达的理。

身上的病还未痊愈，王阳明就要回归到尘世，回归到那条让人又爱又恨的仕途之路，继续寻找道义，继续奉献自己。虽然前路充满了未知，但此时的王阳明，已是另一番境界！

站在圣人的故土上

明弘治十七年（1504）八月，山东济南。大明湖上荷叶荷花好，"红妆翠盖木兰舟"。

泉城风光如画里，城里人物更风流。玉树临风的王阳明着一身官服正巡

视着考场——他接受当地官员陆偁的聘请，担任当届山东乡试的主考官。

感受着眼前再熟悉不过的考场氛围，王阳明的心情实在是难像那湖中波光一样平静。回想自己的科举路，可以说是"跌倒了爬起来，再跌倒再爬起来"。如今自己翻身成了考官，主宰他人命运，人生真是如戏，充满了无限可能。

同时，王阳明的心更是严肃的，甚至是颤抖的。远离了佛老，远离了朱熹，踏入孔孟圣人的故里、踏上正宗儒学之乡，王阳明的灵魂第一次有了认祖归宗的感觉，他从未曾觉得自己和圣人离得这样近。

但也正因为离圣人太近，王阳明那颗"朝圣"的小心脏就越发纠结：若不是国家恢复明初制度，地方乡试主考可以由当地官员聘请，不限级别，像自己这样的芝麻小官是断不会有机会来此施展拳脚的。

丰满的大志和骨感的现实再一次起了冲突，王阳明在泰山上发牢骚抒发自己不得志：在尘网里苦苦羁縻，不如舍弃人间富贵，骑着白鹿，东游去蓬岛做神仙啊！可怜我空有大志和才能，却无法救时救世，只能一个人坐在这万峰之巅感叹，看着世人笑我痴癫，却不解释，以笑相迎。是啊，知我者谓我心忧，不知我者谓我何求啊！

牢骚终究只是牢骚，王阳明的优点在于发牢骚并不影响他"风物长宜放眼量"，更不影响他做实事。

说干就干，要做就做到最好，这才是王阳明的风格。

在出考题时，王阳明格外敬业，也格外用心：本着向孔孟致敬的精神，本着忠心为国的精神，本着针砭时弊的精神，本着为自己的心志找一个出口的精神，本着不雷人毋宁死的精神，王阳明出的试题非常大胆，却又不离儒学正宗。

比如，其中一道题目是："所谓大臣者以道事君不可则止。"

这是孔子与孟子宣扬的做官理念："以周公的标准来侍奉君主，如果不行，宁可辞职走人。"也正是这个理念，让孔子、孟子与仕途基本绝缘。试想，就算是官员有周公的德行和能力，又有多少皇帝能听进他们的"有用之言"呢？面对这种冲突，绝大多数官员选择向皇帝妥协。凡事皇帝说得对，若有不对，参照上一条。这种现象在明朝也不例外，而且尤甚。

从皇权者的角度来看，这是一道令人反感的题目。王阳明出此题，是想看看考生们在原则、道义、骨气、良心与私欲之间如何选择，想看看他们如何更好地处理这样的问题。

王阳明在山东出这样的题目，还有一个原因，那就是向济南城已故的英雄铁铉致敬。当年燕王朱棣率军南下发动"靖难之役"，欲与建文帝争夺皇位，大军所向披靡，唯独没能攻下济南，因为铁铉带人死守在城上，让朱棣的软硬兼施都无济于事。铁铉还将《周公辅成王论》射给朱棣，劝其效法周公，忠心辅佐建文帝。同年，铁铉配合盛庸在聊城大败朱棣，使得朱棣不得不绕过济南直攻建文帝南京大本营。朱棣即位后，生擒铁铉。铁铉不但不接受新天子的诱惑，还大骂朱棣无道，结果被割掉耳鼻。他被凌迟行刑时，甚至还大骂朱棣。

铁公虽逝，音容犹在，大义犹在。在王阳明看来，不但山东的读书人要有铁铉这样的大道义感，全国的官员都应该有。但是，这样的理想在赤裸裸的现实面前也只能化为一声叹息。

再如，王阳明出的另一道题目："禹思天下有溺者，由己溺之也；稷思天下有饥者，由己饥之也。"也是直击了很多皇帝、官员不负责任的心态与现状。

禹想到天下有人遭受了水患，就好像这灾难是他带给大家的一样；稷想到天下有人在挨饿，就好像是自己害他们挨饿一样。所以禹和稷才会以拯救天下百姓为己任。这是孟子所尊崇的儒家教义——仁者以天地万物为一体。这也是王阳明以后心学的重要理论之一。

当这些还没有被仕途染缸所熏染的学子们庄严地在试卷上写下"先天下之忧而忧，后天下之乐而乐"时，相信他们是这样想的，也想这样做，阅卷的王阳明也是欣慰的。但是，这样真的就够了吗？

对于这届山东考生来说，他们是荣幸的，他们生在孔孟之乡，给他们出

 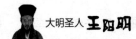

题和阅卷的考官马上会成为当代圣人。那一纸试卷上蕴含了太多的圣贤之道："齐明盛服，非礼不动，所以修身也"，这是让学子们就动静、内外与礼正进行深刻的思索，以提升个人的德行；"继自今立政，其勿以憸人，其惟吉士"，这是让学子们站在政治高度上，劝诫国君亲贤臣、远小人；"不遑启居，猃狁之故"，这是让学子们对兵役与国家安危、战事有个清醒的认识。在这份儒学试卷上，学子们还有机会谈佛论道，取其精华，明心见性。

在王阳明的督办下，山东乡试圆满地落下帷幕。

丹霞闪余晖，儒学历久弥新，凌云依旧高飞。站在圣人的故土上，泰山之高，不可及，圣人的思想却可以触摸，王阳明感到，圣道就在眼前。

相见恨晚，圣人之交若水

"这个王守仁自入职以来各项工作都干得不错，获得领导、同事与群众的一致好评。"

"是啊，听说这小子不但能文，还是全京城有名的'兵痴'，自小就喜欢用瓜子、果核排兵布阵，不知道可塑不可塑。"

"不错，既是个有为青年，就让他全面发展吧，给他在兵部谋个差事先做做，再观察观察。年轻人就是需要多锻炼。"

于是，浩荡皇恩再一次降临，前几天还在主宰秀才们命运的山东主考官，转身就成了兵部主事。走马上任后王阳明才发现，这仍是一个"小科员"级别的职位，对于军队甚至兵器都没什么实质性的权力，自己能做的也不过是"纸上谈兵"式地提一些建议。至于是否被采纳，是否有下文，那是上级的事儿了。

闲来无事，王阳明只好写一些诗送人来消磨时间：寄舅舅的、忆诸弟的、忆龙泉山的、忆鉴湖友的、寄西湖友的。但是，能送的人毕竟有限，况且人总这么活在回忆里也不是办法。

好在对于理想与现实之间的那点儿矛盾，王阳明早已经习惯了，他也总能为自己的远大志向寻到一个出口。

这一回，王阳明选择以文会友，以友辅仁。

此时的王阳明在北京早已有了自己的朋友圈，比如鼎鼎有名的文坛才子李梦阳、何景明、徐祯卿。王阳明的这些朋友，可不是什么普通的文艺青年，他们都是进士，却因为不满当时千篇一律的八股文风和谄媚的歌功颂德现象，公然对抗当时的"第一老笔杆"首辅李东阳。以李梦阳、何景明为首的七个中青年，轰轰烈烈地倡导了一场"复古运动"，主张"文必秦汉、诗必盛唐"，一扫当时迂腐萎靡的文风，开辟了文坛新气象。

这些人，不但诗作得有骨气，人也相当有思想、有气节，就比如那个性格火暴的李梦阳。

在相对安稳的年代，这一票好友会隔三岔五地聚在一起，饮酒、对诗、谈天说地、切磋学问。跟这些人混在一起，王阳明有一种说不出的愉悦，他的诗词水平也提升了不少。

明弘治十七年（1504），王阳明与诗友们论诗作赋，他们还不知道即将迎接他们的是何等残酷的命运。"赌书消得泼茶香，当时只道是寻常"。

只是，诗词虽好，甚至也能大气豪迈、流传千古，但做一个诗词中人，却不是王阳明的追求，他心中还有一念，念念不肯忘，那就是寻圣道、做圣人、弘圣学。

因此，不管世人怎么粉饰，王阳明确实做了一件"跟风"的事——讲学。

当时大江南北很流行讲学，像吴与弼、罗伦、章懋、陈献章这样的饱学之士都在广收弟子，开坛讲课，传授自己的"领悟"，倒像是百家争鸣，也都取得了比较理想的效果。世人都以为王阳明跟的是当时社会的讲学之风，王阳明没有辩解。他有自己的想法：当年孔子、孟子、朱子有哪一位圣贤没有讲学？如果总也找不到一条路，为什么不勇敢地摸索出一条路？

是的，什么都是刚开始，讲学路刚开始，王阳明遭受的质疑与攻击也是刚开始。在卧虎藏龙的北京城，你王阳明要讲学，凭的是学识、是资历还是

 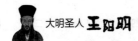

什么？一个乳毛还没褪尽的小伙子在这"标新立异"，简直是沽名钓誉。

一些有才学、有资历却始终没好意思讲学的闷骚者，不禁暗骂："臭不要脸的。"

顶着这唾骂嫌弃之声，王阳明越讲越起劲，以他个人经历为活教材，以正宗儒学为基准，像模像样地讲起了"先立必为圣人之志"。

也就是在这个艰难又令人兴奋的时期，王阳明遇到了他的知音——湛若水。

那一天，北京城阳光明媚，湛若水慕名去拜访王阳明，就像是一场一见钟情的相遇，两人相谈甚欢，惺惺相惜。

王阳明激动地说："我王守仁当官三十年（夸张的说法），从没见过若水这样的人物。"

湛若水同样激动地说："我湛若水游历四方（夸张的说法），从没见过守仁这样的人物。"

原来连接他们的除了才华、德行、眼缘这些东西，还有最重要的一点，就是两个人拥有一颗共同的"朝圣"之心。

王阳明想做圣人，这是他十几岁就有的人生理想。但他没想到"寻圣道、扬圣学"同样是湛若水的人生座右铭。

说起湛若水的圣学情结，还要从他那位已逝的老师陈白沙（陈献章）说起。

陈白沙是明代较早敢于怀疑朱熹理论的人，也是向朱熹叫板较为成功的一个人。虽然他的成功只局限于个人理解，还无法影响整个时代的思想走向，但是他所开创的江门学派主张学贵有疑，鼓励学子独立思考，提倡较为开放的学风，甚至日后阳明心学都与他的学说有着微妙的关系。师从这样一位大儒，湛若水有了和这个时代不一样的圣学观。

从湛若水个人来讲，他也绝不是个普通青年，比如说他对传统的科举考试就不屑一顾，认为那不是大学问，更不是真正的道。但是母命难违，孝顺的湛若水还是参加了考试，并且取得了优异的成绩。他用自己的优秀证明，自己不愧为"江门钓台"的新任掌门人。他更追随着内心的指引，发誓要找到真正的圣途大道。

共同的志向与使命，将此前素未谋面的两个人紧紧地联系到了一起，越是相处，他们就越有共同语言。就像是锺子期遇到了俞伯牙：巍巍乎若高山，汤汤乎若流水。两个人的两种思想在一起切磋，碰撞出圣学的火花。朋友做得开心，讲学也更有劲了。

明弘治十八年（1505），王阳明就这样与湛若水相见恨晚般地腻在一起，一起讲学，一起讨论圣道。

第五章　步步惊魂的权力棋局

另类天子开启另类时代

"让我再睡会儿吧，昨晚玩得太高兴了，等刘公公想好今天带我去哪儿玩，再叫醒我。"说这话的可不是普通人，他是大明的新任皇帝朱厚照。

而此时在朝堂大殿上，文官位东，武将位西，一班文武大臣都在等着他上早朝，气氛很是微妙。

刘健、谢迁、李东阳三位内阁大臣相视不语，先皇朱祐樘临终前托孤的悲壮场面仍历历在目，他们宁愿相信现在只是一个十五岁的少年在赖床，也不愿意相信"弘治中兴"已经成为过去时了。

那一天，朱厚照伸了个懒腰，不情愿地从被窝里爬起来，被请到大殿之上。随着一声声"万岁"震耳欲聋般地响起，他极其不耐烦地抚弄着龙椅。

那一月，朱厚照继承大统，是为武宗皇帝。

那一年，全国各地头版头条每天滚动播报着皇帝的爆炸性新闻：不务正业的朱厚照又在宫里打架了、翻墙、听戏、斗蛐蛐，还翘班"微服"出宫逛动物园……

到第二年正式使用"正德"这一年号时，少年朱厚照用了不到一年的时间，就完全颠覆了皇帝这个职业的操守，也颠覆了父辈们苦心经营的江山，

更颠覆了全民的价值观。

皇帝没日没夜地玩，辅佐的大臣们忍了，他们强颜欢笑地安慰自己和天下百姓："皇帝还只是个孩子，还处于贪玩的青春期，长大就好了。"他们甚至想着，如果皇帝成长得慢，他们正好趁机施展抱负，像辅佐先皇那样，搞一个"正德中兴"。

但很快，残酷的现实就让这些大臣决定不再自欺欺人，他们搞了一个联名上书，谢迁、刘健、李东阳这些九卿六部的大佬们都"书上有名"。他们以整个中央行政机构的名义郑重警告皇帝：一定要好好上班，更重要的是，一定要处理掉八个太监，否则他们就罢工。

劝谏皇帝态度强硬，这可以理解。但这八个太监又是谁？他们的命何以值钱到需要动用朝中最高官员联名上书？他们又做了什么令"人神共愤"的事？

这是大明王朝一段沉痛的历史。

少年天子朱厚照爱玩，自己不勤政，却把天下大事交给了一位强势的太监——刘瑾。这位刘公公不但参政、议政，还代皇帝批奏折，俨然一位"立皇帝"。皇帝用刘瑾，并不是因为他有什么旷世才学和治国之道，仅仅是因为他是自己亦父亦友的"金牌玩伴"。

刘瑾与皇帝的另外七个玩伴太监一起被称为"八虎"，他们一面带着皇帝昏天暗地地玩，一面又把朝廷和天下搞得鸡飞狗跳——巴结贿赂刘瑾的人可以迅速升官，就像"鸡飞"；"八虎"主管的东厂、锦衣卫等特务机构四处抓人、抢钱，无恶不作，就像"狗跳"。

眼看着皇帝在"八虎"的引诱下一天天走向昏庸，眼看着黎民百姓惨遭迫害，眼看着不男不女的宦官集团把文官集团挤压下去，眼看着一封封奏折对皇帝和太监们构不成一点儿杀伤力，大臣们再也坐不住了，别说他们的"周公梦"日渐破碎，就连基本权利都要得不到保障了。

其中，反应最强烈的人是吏部尚书韩文。每天下班之后，韩文都会痛哭流涕，说什么"辜负先皇，对不起天下"之类的话。这一天下班后，韩文又召集了一些同事，还没开口说话就哭得不行。看着这么个位高权重的老臣在

那咧着大嘴哭，其他人也是坐不住了，有的过来递手绢，有的干脆跟着伤心地哭了起来。

有一位郎中实在看不下去了，也不管官位尊卑，朝着韩文就喊道："国家有难，哭有用的话，还用我们这些臣子做什么？还是干点儿有用的吧。"说这话的正是暴脾气的李梦阳。李梦阳是这样说的，也是这样做的。在征得领导们的同意后，他当即大笔一挥，洋洋洒洒地写了一篇奏折，叫板皇帝。鉴于以往奏折都石沉大海或如隔靴搔痒的先例，这次九卿六部的大佬们集体签了名。

事实证明，团队的力量是巨大的。

当朱厚照十分不情愿地打开这份奏折时，他再也没有心思玩桌子椅子了，他吓哭了，吓傻了。全国官位最高的一批人、先皇的"爱卿"、自己的老师们，居然指着鼻子骂自己这个皇帝当得不称职，还以辞职要挟他杀掉自己的伙伴们。

哭了好久，这位少年天子表现出了他性格中唯一的亮点——"重义气"。"我可以道歉，也可以好好做皇帝，但是，我一人做事一人当，那几位伙伴太监就不要杀了吧。他们都是为了我才受到连累的，可不可以处罚轻一点儿？"在换了一身干净的朝服后，他派人去找大臣们求情。

这当然不是讨价还价和稀泥的时候，这是鱼死网破的时候，大臣们很清楚这一点，所以，他们的回答也相当坚决：不行！

万般无奈之下，朱厚照承诺：明日早朝，诛杀"八虎"。

大臣们很开心，都回家洗洗睡了，盼着正义的到来。他们自以为尘埃落定，却忘记这个世界上唯有变化才是永恒的。这位天子的过去心、现在心、未来心，他们都猜不透。而且，他们似乎忘记了，刘瑾也不是一个人在战斗。

"八虎"的势力爪牙同样遍布在那群上书大臣中间，比如没有节操的大学士焦芳，在大臣们联名上书时就给刘瑾报了信。

"八虎"一听，当时就蒙了，他们哭了不知有多久，后来决定向皇帝打感情牌。

他们跑到皇帝那里，连跪带爬，哭得那叫一个惨："皇上啊，我们这些年所做的一切可都是为了您啊，为了让您玩得开心，活得开心，我们费了多少力啊。像我们这样一群残废，就要看不到明天的太阳了，日后清明寒衣连个来上坟的儿女都没有……"

就是这样几句话深深触动了小皇帝，各种复杂的情感一时涌上心头，他不相信自己的伙伴们会成为什么祸害，更不想自己不上朝的事由这样一群"忠心"的奴才来买单。但是，娄子捅出来了，总要有个垫背的吧，而且大臣们都硬着脖子要处理结果呢！

刘瑾是何等聪明，又是何等了解朱厚照，皇帝的小心思一动，他就立刻抓住机会，爬到皇帝身边，说："皇上，其实您不用犯难，这其实都是王岳那一帮人想害我们，他看我们平时太疼爱皇上您了，什么都让您玩，才蛊惑大臣们，想联合大臣们的势力控制您的行动。可是皇上，您是天子啊，您的行为怎么能让一帮奴才控制了呢？您不想击球走马了吗？您不想放鹰逐兔了吗？您不想看杂剧听小曲儿了吗？您不想看那些美女轮番跳舞了吗……"

几句歪理让皇帝瞬间感到自己的利益受到了威胁。是啊，怎么能让一群不怀好心的奴才限制自己的自由呢？朱厚照怒火中烧。

第二天一早，朱厚照坐在朝堂之上，百官听到了这样的处理结果："处罚王岳与其同党宦官，刘瑾等'八虎'升职。"退朝后，皇帝像个没事人一样玩去了，"八虎"露出了得意的笑。而这对于更多的人，则是个晴天霹雳。

可怜王岳不过是另一组宦官集团中的头目，相对于"八虎"集团，他们还没有那么嚣张，当然也没有那么强势，就这样成了炮灰。

这张翻得太快的牌，让大臣们久久难以接受，刘健、谢迁等人此时撞墙的心都有了，他们把辞职书一交，"刘瑾不除，我们就集体罢工，不干了"。小皇帝这会儿也拗了起来，"爱干不干，不干滚蛋，准奏"。于是，那帮跟着朱祐樘鞠躬尽瘁治理过天下的大臣们都纷纷收拾行李回老家了。

劣币成功驱逐良币。

到这里，悲壮的剧情才刚开始。

 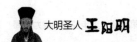

很光荣，也很疼

"八虎"的确不是吃素的，他们是"吃人"的。特别是在经历了那个惊魂夜之后，九卿六部的大员都"被回家"，"八虎"更加得势，也更加肆无忌惮，他们在京城明目张胆地做黑社会不说，还动不动就打朝中官员。

午门外，经常有官员被打板子，也经常有被打死的官员的尸体被抬出去，场面极其触目惊心。

针对这一系列变化，朝中官员的性格结构也发生了明显变化，其中以三类性格为典型：第一类是"倒戈型"，即直接拜倒在宦官老爷的权力之下；第二类是"反抗到底型"，即拿官位和生命死谏的人；第三类是"忍耐型"，这类中的极品还可以升华为"厚黑型"，迫于现实、现状，虽忍无可忍，却能重新再忍。

当然，林子大了什么鸟都会有，皇帝做了奇葩中的奇葩，一鸟当先，这大明的林子自然是不寂寞的。

从原则上来说，正义之士和饱读圣贤书之人都是不屑于做第一类人的，但是在焦芳大学士带头给刘瑾投怀送抱，并做了实质上的"立皇帝助理"之后，"识相"者趋之若鹜，他们还恬不知耻地为自己找到了一句古语座右铭：天下熙熙，皆为利来；天下攘攘，皆为利往。

从道义上来说，每个热血儿郎都应该做第二类人：是非分明，眼里不容沙子。比如说南京监察御史蒋钦，就相信邪不能压正，也联合了一批御史联名上书，结果被打得见了骨头，还在咬牙骂刘瑾的十八辈祖宗，还在劝皇帝要上进、上进。国家大义，英雄气节，可彰可表！

面对大是与大非，有一些官员选择了做第三类人。他们心中有良知，却是敢怒不敢言。他们看不惯刘瑾等人的虎狼行为，却考虑到家中老小，选择了做沉默的羔羊。这些人一面背负着良心的谴责，一面背负着世人"贪生怕死"的指责。好在这个群体中也隐藏着另一部分人，骨气与正义让他们不肯向邪恶低头，现实却又让他们无法高高抬起头颅，他们只能弓着腰。比如说李东阳，九卿六部中唯一因为没有强烈要求除"八虎"，被刘瑾渴望拉拢而留下的高官。此刻他正忍着千夫所指，默默地在刘瑾的魔爪下救人。

在这几类人中，还夹杂着一个人，他就是王阳明。他一直在这场突如其来的王朝大变天中观望着、寻找着，希望找到一把可以突破黑暗现实的光刀。他不会向刘瑾势力谄媚低头，他不怕死，却怕自己的死解决不了任何实质性的问题，他也想学李东阳忍耐以保存实力。遗憾的是，王阳明很快认识到自己没有这个资格，李东阳的忍耐能救一些人，他的忍耐就如同懦弱……

就在他还没有想到一个万全之策时，形势已经不等人了：南京给事中戴铣因为上书被刘瑾假传圣旨投进了锦衣卫的大狱。眼看着一位忠臣就要成为烈士，王阳明知道他必须出手了。他提笔给皇帝写了一封奏折，这一次，他老爹王华没有拦着他。这封奏折也确实到了皇帝那里，确切地说，是到了"立皇帝"刘瑾那里。

刘瑾板着脸听人念着这样一份与众不同的《乞宥言官去权奸以章圣德疏》。

王阳明没像其他官员一样言辞激烈地大骂"刘瑾，你就一大傻帽儿，你全家都是大傻帽儿，你们这帮阉党滚出去"，也没有像其他官员一样训斥皇帝"别再当虫了，快当回龙吧"。相反，王阳明的言辞很恭敬，又像春风化雨般柔和："皇上啊，戴铣这些人本就是'言官'，他们的工作职责就是向朝廷汇报问题，提出有利于国家建设的意见。要是他们说错了，原谅他们就是了，这多彰显您的宽容啊！您这要是杀了他，以后谁还敢向您打报告啊，也不会有人和您说体己话了。况且，这死冷寒天的，把他们往死里打，戴铣那帮文人的小身子骨，万一被打坏了怎么办？或是他们在押解的路上突然发生意外患个痢疾致死什么的，这个迫害忠臣的罪名不就落在您身上了吗？"当然，王阳明在提到"朝政还是要管一管，奸人还是要除一除"时也是态度强硬，立场鲜明。

应该说，王阳明很有智慧，他知道九卿六部死谏都没有用，他一个名不

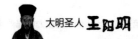

见经传的小科员的命更是不值钱，所以，他想通过事实和后果讲道理。只可惜，王阳明真的不擅长玩政治，当时不适合，后来也不适合。

刘瑾把脸一沉："一个芝麻大的小官也敢在我眼皮底下给人求情，不是我的党羽，便都是我的敌人！我不能容忍你骂我，更不能容忍你欺负我文化低变相骂我！"之后他恶狠狠地放了一句话："不服者必揍之，不宜惯之。"

这一次，王阳明亲自领教到了中国古代的又一大发明：廷杖。

寒冬的北京，北风呼啸。几个彪悍的锦衣卫像拖小动物一样熟练地把王阳明按在室外的长凳上，抡圆了板子就开始打。

王阳明不是第一个挨打的官员，却是少有的被刘瑾关照"脱了裤子打"的官员。

要知道，人活一张脸，脸面对于古代读书人来说贵比千金。一个青年男人，脱了裤子在大庭广众之下被打屁股是多么羞耻啊！可是因为自己反抗的对象是奸佞，王阳明觉得很光荣。

不过，光荣归光荣，不代表不疼。

几十大板后，皮开肉绽的王阳明被扔进了大狱，生死未卜。

再见啦，京城

明正德元年（1506）十二月，北京城天寒地冻。

伴着阵阵剧烈刺骨的疼痛，王阳明挣扎着抬起眼皮，吸着潮湿发霉的空气，就着微弱的光线，他可以感觉到老鼠旁若无人地四处游走。"这是地狱吗？这场景却又似曾相识，难道是人间的牢狱？"王阳明想着，一口鲜血已经吐了出来，接着又是一口。

听到动静，不远处有人激动却又小声地问道："守仁兄，醒了吗？你可算是醒了。"

虽然王阳明还不能动，也不能识别这声音的主人，但他已经清醒地意识到自己还没死，并且置身大狱，确切地说还不是普通的监狱，是锦衣卫专门"收拾"官员的监狱。这里关押的多是一些和自己命运相似之人。

那个晚上，王阳明失眠了，不是因为不能适应这恶劣的环境，而是他想起自己年少就立下圣人大志，如今二十年过去不但壮志未酬还身陷牢狱。为了国家大义入狱一点儿也不可怕，可怕的是，魑魅魍魉仍然在人间横行。那个晚上，王阳明迷茫了，他仿佛穿越到了逶迤的深谷，在烟霞中思索着报国之路。他自嘲为何要踏上仕途，现在想回家当个农夫都不能够，但是他也不后悔，不后悔上书救忠臣。同样是那个晚上，王阳明更加坚定了信念：崖再陡也要攀，水再深也要游。

那晚以后，王阳明的身体虽不自由，人却活得逍遥自在。伤势好转些之后，他便每天在监狱里打坐调理身体，坐得闷了还会借着监狱的屋罅赏月，虽然也会感叹着"盈虚有天运"而"泪下长如霰"，却仍然不忘胸中的大志，坚信"留得升平双眼在，且应蓑笠卧沧州"。

王阳明如此快活，使得刘瑾很不自在。得知这个有病根在身的文弱书生居然顽强挺过了硬汉们的几十大板，刘瑾有些失望，这让他"杀鸡儆猴"的把戏减了分。更让刘瑾大跌眼镜的是，这样一个小人物，在受了侮辱和暴打捡回来一条命后，居然还"不知悔改"，虽然他没有像别的官员一样骂他刘瑾，却在狱中吟起诗来，看样子比他刘瑾还幸福，这更让日夜操心于打压异己势力的刘瑾受了大刺激。

但是，刘瑾一连数日都没有再为难王阳明。说起来朝中的大官被他拉下马的很多，像王阳明这样的小角色他更不知道处理掉了多少。刘瑾却对王阳明的事迟迟没有下文，因为他在等一个人的屈服。这个人就是王阳明的状元老爹王华。

若不是此前内阁几位元老形成了稳定的金三角，王华也是有能力进内阁的人，刘瑾做梦都希望自己的势力集团内能有王华这样有才气的大官，却又畏惧王华那源自骨子里的正直。

在跑了几次王府进行了几次不愉快的"谈判"之后，刘瑾的耐心也到了极

限，他冷冷地下了一道命令："将王守仁贬谪为龙场驿丞，眼不见为净！"

这个命令翻译过来就是"发配极边远山区"。可怜王华，身居要职，眼看着自己的儿子承受宦官带来的不白之冤，却无能为力。刘瑾的势力，可见一斑。

王阳明倒是很从容，仿佛他不是被"发配"了，而是出狱了。他还写了一首《别友狱中》与狱中的难友们共勉：

居常念朋旧，簿领成阔绝。

嗟我二三友，胡然此籓盍！

累累囹圄间，讲诵未能辍。

桎梏敢忘罪？至道良足悦。

所恨精诚眇，尚口徒自蹶。

天王本明圣，旋已但中热。

行藏未可期，明当与君别。

愿言无诡随，努力从前哲！

王阳明就要远行了，这次离京不同于以往，也不是真的出去做官，而是发配性质的贬谪，听到这个消息，还是有一些好友来为他饯行。场面不隆重，却是充满了诗意与哲思。

比如，湛若水就一连送了两首诗给王阳明：

皇天常无私，日月常盈亏。

圣人常无为，万物常往来。

何名为无为？自然无安排。

勿忘与勿助，此中有天机。

天地我一体，宇宙本同家。

与君心已通，别离何怨嗟？

浮云去不停，游子路转赊。

愿言崇明德，浩浩同无涯。

湛若水告诉王阳明：人生无常，不如学孟子勿忘勿助，顺其自然。

这两首诗让王阳明瞬间如同触电，他深信自己为正义挺身而出没有错，也意识到自己修行尚浅。可是，他仍有那么一丝疑惑：不闻不问真的就是圣道吗？

作为远行的当事人，王阳明本人还是有点儿伤感的，他回赠湛若水这样的诗：

洙泗流浸微，伊洛仅如线。

后来三四公，瑕瑜未相掩。

嗟予不量力，跛鳖期致远。

屡兴还屡仆，惴息几不免。

道逢同心人，秉节倡予敢。

力争毫厘间，万里或可勉。

风波忽相失，言之泪徒泫。

那天，王阳明还在萧瑟寒风中作了一首诗，送给伊人：

忆与美人别，惠我云锦裳。

锦裳不足贵，遗我冰雪肠。

寸肠亦何遗，誓言终不渝。

珍重美人意，深秋以为期。

只是，萧瑟寒冬，风沙漫卷，这郑重的离别被大义所掩盖，一部分送行的朋友都在考虑要以王阳明为榜样，所以，那样一份儿女情和那样一位伊人竟这样被淹没在送行的队伍中。

好在这是一个官员的"贬谪"，不必戴着枷锁铁链远行的王阳明可以潇洒地挥一挥手，作别这紫禁城上方的云彩，作别这恢宏又充满阴暗的京城，没有放歌，悲壮是别离的笙箫。

余姚亲友如相问，硬命已过钱塘江

鉴于王阳明骨头硬、屁股硬，牢狱中也关不死，又不好直接杀掉，是一粒"蒸不烂、煮不熟、捶不扁、炒不爆、响当当"的铜豌豆，刘瑾一想起来，就心生硌硬，思来想去，他决定继续使用自己常玩的一个阴招——把王阳明贬谪到龙场做驿丞。

这的确是一个阴招。

首先，驿丞工作对于王阳明这样的高级知识分子来说，简直是大材小用。

驿站是古代的官方旅馆，为了给那些传递官府文书和军事情报的人一个换马和歇脚的地方，也避免一些来往官员途中遇到"前不着村，后不着店"的情况。在驿站负责招待的人就叫作驿丞。驿丞不但要赔着笑脸招呼停留的官老爷、吏大爷，还要为他们准备饭菜，为他们喂马、洗马，做些不需要什么文化的劳动。

其次，把王阳明派到龙场这种"山高皇帝远"的地方，明显是刘瑾在"整人"。

龙场位于现在贵州的修文县，在地图上拿放大镜看，它也是一个犄角旮旯。虽然几百年后它的宣传语成为："山川秀丽，物华天宝，人杰地灵。县城古名龙场，明代大思想家王阳明谪居于此悟道讲学，创立阳明心学体系，世称'王学圣地'。"但在王阳明还没有到达时，修文县的龙场确实是连鸟都嫌弃的偏远之地，又怎么会有官员跑到那里去休息呢？若不是发配充军的话，过去休息的人也太不顺路了。

最后，刘瑾的终极目的只有一个，那就是"叫王阳明去死"。在京城杀不了，那就只好在去龙场的漫漫长路上给"做了"。刘瑾是这样计划的，也是这样做的。离开北京的王阳明实际上踏上的是一条难归之路，说是"赴任"，不如说是"赴死"。

"山河千里国，城阙九重门。"亲友的道别声越来越远。一路向南，王阳明敏锐地察觉到有人在跟踪。当然，他凭的可不是第六感，更不是强迫症，而是他多年来为做圣人对自己进行的全方位锻炼。王阳明当然知道身后的人可不是担心他长途跋涉的安危问题，这些人是来要他命的。王阳明不怕死，只是不甘心自己圣道未成就白白地死在奸党手上。

　　双方一个要躲，一个要抓。

　　两个靠杀人为生的锦衣卫奉命追杀王阳明，他们进行的是"野蛮游戏"，却没想到王阳明在高危下，仍然是个淡定哥，是个智慧哥，他一玩起智慧来，这游戏规则就变了。王阳明的身体虽还没有完全康复，生存意志却是顽强的，一遇到大街市，他就"隐身"在茫茫人海中。这让两个训练有素的锦衣卫大伤脑筋，他们不是找不到他，而是找不到合适的时机杀他。

　　时机终于到了。锦衣卫的时机，也是王阳明的时机。

　　王阳明本想取道老家余姚，去看望他那年事已高的祖母，但碍于锦衣卫一路连追带撵，他又不想连累家人，只得改变路线。行路间，前面就是号称"天下第一潮"的钱塘江。

　　摆在王阳明面前的只有两条路：要么活着过江，要么被锦衣卫杀死。思来想去，王阳明选择了第三条路——我的生命我做主。

　　此时的王阳明，本人身陷险境，心中的热血却仍然汩汩流淌。他为自己报国无门而伤悲，脑袋掉了不过碗大一个疤，十八年后仍是一条好汉，只是此生尚未能成圣贤，尚未能救家国于水火，就要这样随流水而去了吗？

　　王阳明决定和命运赌一赌，赌个大的。

　　趁着夜色，王阳明走出房门，走向茫茫的钱塘江。当年自己和友人在龙泉山诗社时，还感慨过北宋文人潘阆为这江这潮作过的一首词：

　　长忆观潮，满郭人争江上望。来疑沧海尽成空，万面鼓声中。

　　弄潮儿向涛头立，手把红旗旗不湿。别来几向梦中看，梦觉尚心寒。

　　而今，自己站在这里，又是何等心寒！锦衣卫的阴笑声由远及近："王守仁啊王守仁，你想往哪里跑，刘公公让你三更死，谁敢留你到五更！你不知

 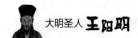

道王岳就是在往南京的路上惨死的吗？你就是下一个王岳。你死也要做个明白人，是公公让你死的，可不要回来找我们。"

王阳明听着，想着，那就让我做这大江的弄潮儿吧！

他脱下鞋袜，纵身投入江中。

没有求饶，也没有怨天恨地，两个锦衣卫因为敬畏而愣了一时，江水回归平静，他们才满意地回去复命："王守仁落水死了。"

消息不胫而走，王家人伤心欲绝，但有一个人坚信王阳明不会死，他就是王阳明的妹夫徐爱。

也就是在这个漆黑的夜，王阳明凭借强大的求生意志憋了一口气游了好远，游出了锦衣卫的视线，体力不支后被一艘路过的商船救起。让所有人都没有想到的是，仿佛连龙王都给了他几分薄面，仅这几分薄面，他就活了下来。

最大的智慧是活下去

人在虚弱和迷惘时，塞壬的歌声便更加动听，但王阳明不是可以被迷了心志的人。在没有成圣之前，即便是阎王爷也不能摧残他求生的意志。

暗夜凄凄，狂风大作，救下王阳明的商船被风刮到了福建沿海。谢别了船家，王阳明登岸后沿着一条小山路前行，走到天黑时，他已是筋疲力尽，需要喝水，需要吃饭，还需要个睡觉的地方。

正在这时，眼前像是幻象一般出现了一座寺院，王阳明三步并作两步挨过去敲门。一个胖和尚探出头来，问："什么事？"王阳明说："小师父，现在天色晚了，这荒山野岭的，想在贵地借住一个晚上。""不行。"胖和尚打量了一下他，果断拒绝。王阳明只好继续赔笑、装可怜："师父，您看我一个瘦弱书生，昨天还落了水，着了凉，今天又赶了一天的路，真是太累了。我不讨饭，只住宿行不行？外面实在太危险，要是还像昨夜一样暴风骤雨，会出人命的，怕亵渎了这佛门圣地。""住宿？去那边的破庙住吧。"和尚努了努嘴，"咣当"关上了寺门。

又过了半天，门仍是没有开，夜却是更黑更深更寂静，王阳明已经没有力气去感慨佛已不佛、人心不古的世道，就着微弱的月光，他跌跌撞撞地走到不远处的破庙。说是破庙一点儿没有错，真是太破了，连个门都没有，风从几面吹来，实际和露天一样。王阳明没管那么多，他也不知道这庙里到底供的是土地神还是妈祖，倚着香案就睡着了。

迷迷糊糊中，好像是奶奶走过来，她招着手，唱着家乡的童谣，说："小守仁啊，小守仁，你辛苦不辛苦啊？跟奶奶来吧。"王阳明想伸手抓住奶奶，却没有力气。又过了一会儿，有一只毛茸茸的大怪物向自己走过来，它用鼻子嗅他，拿爪子摸他，还一直叫唤，像刘瑾那样狰狞，却更凶狠。可是王阳明实在太累了，呼吸都显得那么微弱，这会儿真是懒得理它。

又不知过了多久，王阳明感觉有一个胖头胖脑的秃头靠近了自己，他的脸越来越清晰，而且很熟悉。"一定在哪里见过这张脸。没错，是和尚的脸，是寺院里没有留宿自己的那个和尚。虽然月色下看他没有这么白，但这张脸是没错的。他在这干什么？"王阳明想着，腾的一下坐了起来，把在身前细细看他的胖和尚吓了一跳。

小和尚一把拉住王阳明的手："这位大哥，你不是常人啊。昨天半夜听老虎叫得那么凶，你怎么一点儿事都没有啊？快点儿跟我到寺院里来吧。"

王阳明一听，顿时火冒三丈，心中恨道："你明知道有老虎，还把我扔在外面，现在才来，分明是要看看我身上有什么值钱的东西，好收了去。现在见我是异人，反倒请我了。得了，你请我我还不去了呢！"

小和尚见王阳明不动，开始正经起来："施主，寺内有人说是你的故人，你还是和我走一趟吧。"

"故人？我都没来过这地方，怎么会有故人？"王阳明想着，肚子却已经咕噜作响了，想到好汉不吃眼前亏，不争气也要争一个馒头，王阳明拍拍身上的尘土跟着小和尚走了。他在后面走，和尚还在前边小声嘟囔："明明老

 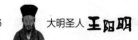

虎叫得很凶，怎么没死呢？"

野庙与寺院本就不远，王阳明一出野庙的门就看见寺院门口站了一个人，等他走近了才看清，果然是旧相识。

是谁？

二十年前曾见君，今来消息我先闻。

眼前人正是当年跟王阳明在铁柱宫谈养生的那位老道士。

看着王阳明狼吞虎咽，老道士将着胡须笑道："不知道你未来作何打算？"

王阳明无奈地答道："找一处人间仙境，做一个寄情于绿水青山的神仙好了。"

残酷的现实让王阳明放下了做圣人的理想，此刻的他，宁愿做一个方外之人。

老道士一听，笑呵呵地说道："好啊，我不但能带你游遍名山大川，还能帮你益寿延年。却不知你想过没有，跑得了和尚能跑得了庙吗？你父亲都被贬官到南京去了，若你就这样活不见人，死不见尸，怎么知道刘瑾不会把这笔账记在你父亲身上，怎么知道刘瑾不会给父亲安一个私通土匪和外贼的罪名呢？"

一语惊醒梦中人。一腔热血，几十年的求索，为的不是如闲云野鹤一样避世，更不是为了连累家人。重新拾起责任和希望，王阳明挥笔写下了一首诗：

险夷原不滞胸中，

何异浮云过太空！

夜静海涛三万里，

月明飞锡下天风。

这一次，他决定去龙场赴任。不过，在去龙场前，王阳明偷偷地取道南京看望了他的父亲。

见到儿子，王华老泪纵横，连儿子少年时的种种行为现在看来都是那么伟大。他觉得儿子简直就是为伟大而生的，是王家的铮铮铁汉，是家族的骄傲。可是，儿子又要为保全家人而离去了，这一去，不知何时相见。那时那刻，王华多想煽情地说一句"儿子，我以你为荣"，可是他还是控制住了。临行前的那个晚上，王华留王阳明在书房谈了很久，谈国事，谈家事，谈人生，谈理想，也谈充满未知的未来。

说再见，有生之年还能不能再相见？

带着两个仆人，王阳明走了，朝着一个让他悟道成圣的地方开始了他人生的另一段历程，只是在路上他还没想那么多，无非是以生之信念走下去，活下去。

这一走，先生之路山高水长；这一生，先生之风山高水长。

屈原大哥：同命兮同往兮

一路行向贵州龙场，山路崎岖，沙溪马渡的水都是浑浊的，无数个惨淡的黄昏，清辉打湿了衣襟，客行人在前不着村后不着店的地方愁着晚上何处安宿。虽然背后少了锦衣卫的威胁，前面却不时有天灾水祸。好一个行路难！

行路难，难于上青天！又哪堪风雨助凄凉。

少有的旱路，风雨总是会没了马蹄、陷了车，而对于多数时间要行水路的王阳明来说，狂风暴雨无异于夺命的阎王。

行至湖南常德时，王阳明在天心湖遇到了风暴袭湖的阻碍。

小船在水上，开始时瞬息百里，船上的人都笑着吟唱"轻舟已过万重山"。只有王阳明一个人在担心行驶情况："春天涨水，水天连成一片，小船在水上本就渺小如一叶浮萍，要是赶上什么恶劣的天气，船身和船上的生命连浮萍都不如。"对于王阳明的担忧，船家笑道："我一生载客无数，像您这样杞人忧天的还是少数呢！再说，要是真赶上这种事，也只能认命了。"王阳明的随从们也在一旁窃窃私语："这位主子是不是因为长期逃亡变得有点儿神经质了？"

 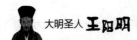

可越是怕什么，就来什么。正如王阳明所担心的，大自然暴戾起来真是"翻脸比翻书还快"。入了夜，河神也一改白日的温柔，变得面目狰狞，它张开大口，仿佛要把水上的一切都吞噬掉。船上的人也只能将自己与船体捆绑在一起，任船在风雨中飘摇着，不知何时就会将他们淹没在这满是风雨的河水中。

这些将赴死的同船人推让着那一点儿仅存的粮食，船家幽怨地说道："这风雨真是比我此前经历的要大得多，这样下去我们不被淹死也会活活饿死。"四望仍是水天茫茫，他们不知这风暴肆虐了多久，也不知它还要肆虐多久，恐怖与死亡的气息久久笼罩着……

生死一刻，救世主还是来了。王阳明理智地唤醒了大家的求生欲望，他也提出了具体的求生方法："凭陵向高浪，吾亦讵容止。虎怒安可撄？志同稍足倚。桃令并岸行，试涉湖滨沚。"对生的渴望、对王阳明从容的感动，船家想起了自己的技术与"船长使命"，其他人也都豁出去放手一搏了。说来也真是奇怪，这人一淡定下来，篙桨和船只似乎也更听话了，连风暴都没有那么可怕了。

就这样，人力还是赢了天命。

经历了这样的大风大浪，人就如同在阴曹地府走了一遭。但越是这样与艰难抗衡过的勇士，越有资格给人们讲述经历苦难的历程，越有资格鼓励人们勇敢走下去，越是这样的人，越有资格享受生的美好。

然而，王阳明等人却来不及享受这美好。因为一波才平，一波又起，他们要以必死的心态坚持活下去，好在大家已经比之前多了些"起死回生"的经验。

行路在湖南境内，从长沙乘船沿湘江向北，经洞庭湖，溯沅江往西，再过沅陵、辰溪等地。这一路，经历三湘四水，王阳明仍像唐玄奘西天取经一样，一难连着一难。这一路，王阳明感慨颇多。人在长沙时，他想起当年被权臣陷害贬谪至此做长沙王太傅的贾谊。

当年，贾谊凝望着洞庭水，想到更早些年前屈原也曾在此伫立，便作了一篇《吊屈原赋》，他像一个重症精神病人一样，对着滔滔江水，表达崇敬，诉说忧愤，也诉说着自己的无可奈何。

多年之后，王阳明也是站在这里，在闯过了一道又一道鬼门关后，他为贾生恸，为屈原恸，也为自己恸。

又是一样的命运，请允许晚辈也借着这湖水放肆地悲伤一回吧！

"山黯惨兮江夜波，风飕飕兮木落森柯。泛中流兮焉泊？湛椒醑兮吊湘累。云冥冥兮月星蔽晦，冰峻嶒兮霰又下。累之宫兮安在？……乘回波兮泊兰渚，眷故都兮独延伫。君不还兮郢为墟，心壹郁兮欲谁语！……"

屈原、贾谊、王阳明，三位胸怀锦绣、忠心为国的志士，可惜"雄英无计倾圣主，高节终竟受疑猜"。好在王阳明要更想得开，他的心志更成熟，生命力也更强大，感慨之余，他更懂得"留得青山在，不怕没柴烧"的道理。

他要活下去，不是做空悲切的"湘夫人"，而是以强者的姿态，因为有更有意义的事要他去做。

涉完了湘水，就到了贵州地界，那里，又是另一个世界与心界了。

那里，会更美好吗？

第六章　龙场悟道，推开圣贤这扇门

圣贤路上再进一步

扁舟风雨，溪风漠漠，忆别江干风雪阴，艰难岁月两侵寻。

明正德三年（1508），王阳明终于跋涉到了贵州龙场。万山一隔、荆棘丛生、人烟稀少的场景，让王阳明再一次真真切切感受到了刘瑾的"良苦用心"。他带着仆人捡了几根大树枝，左右划拉，总算是在一条快要消失的小路上找到了龙场驿站。

龙场驿站本是洪武年间为了方便彝族土司向朝廷进贡而修设的，也是打通贵阳与四川通道的九个驿站之一。但是由于这里太过偏僻，当年就没什么人选择走这条"路"。随着大明早期几位明主的逝去，少数民族对明朝已经不那么"俯首帖耳"了。虽然王阳明来办理入职时，这里的居民对大明王朝还算有些畏惧，但是，来这里做驿丞，真不知是做人的驿丞，还是做动物们的驿丞：在荆棘间，各种野兽叫唤着蹿来跳去，各色叫不上名字的蛇在身边爬行……

更坏的消息是，王阳明作为一个被贬谪的罪臣，按照规定是无法住在这个官方驿站里的，他需要自谋住处。

正当王阳明愁眉不展时，迎面来了一群当地的少数民族居民。他们可不是来请这几位远方来客吃肉、跳舞、举办篝火晚会的，他们是听到风声后专程抄家伙前来赶人的。王阳明只好先稳定下仆人们的不安情绪，然后亲自上前与来者谈判。但这算不得谈判，因为语言完全不通。

看在王阳明慈眉善目又态度良好的分上，这些人耐心地看他比画了一阵，又看他拿出公文，加上当地见过世面的老人们的配合，他们隐约明白"这是朝廷派来的官，像很多年以前的官一样有名无实，他和后边那几个人想待在这里"。沟通了很久，最后这些人决定"你们可以先住在这里，但不准靠近我们"。

那一刻，王阳明还是有些欣慰的，比起朝中人钩心斗角、吃人不吐骨头，这些山沟沟里的"野蛮人"倒是更有些人情味，至少会给同胞一条生路。

不管怎样，当地人这一关暂时是过了。王阳明主仆又纠结着新问题：吃啥？住哪？

至于吃，几个人干脆就山取材，吃野果、菌类，为了改善生活还偶尔打些猎物，渴了就喝河里的水，这样茹毛饮血、靠山吃山的日子倒也让他们支撑了一段时间。

相对而言，住的地方就很难将就了。

若是在故乡的西湖"以天为盖、地为庐"，那应该是别有一番情趣，而在龙场枕天睡地，那就只能"谁知兽中餐，块块是人肉"了。当地人靠不上，野兽靠不上，就只能自己动手，丰衣足食。一个没干过重活的读书人带上没干过土木工程的仆人，花了几天的工夫摸索着倒是建起了茅草房。住进那风吹得进、雨打得透、又湿又潮的小屋时，王阳明甚至怀念起北京的锦衣卫监狱来。

肉体上饱受折磨的王阳明仍然保持了精神贵族的特点：苦中作乐，永不低头。他作了一首《初至龙场无所止结草庵居之》以自嘲、自励：

草庵不及肩，旅倦体方适。开棘自成篱，土阶漫无级；

迎风亦萧疏，漏雨易补缉。灵濑响朝湍，深林凝暮色。

群僚环聚讯，语庞意颇质。鹿豕且同游，兹类犹人属。

污樽映瓦豆，尽醉不知夕。缅怀黄唐化，略称茅茨迹。

身居草棚仍幻想着自己过的是黄帝、唐尧时的生活，这得有多么强大的精神内核啊！

只是再强大的精神内核有时也要拜倒在现实的"石榴裙"下。由于气候、住处、饮食等各方面都不适应，再加上连日为了吃住折腾，不但王阳明的肺病犯了，仆人也陆续倒下，大家相互照应，也不分什么主仆，落地为兄弟，何必骨肉亲。

狂风吹，野兽叫，多少远方亲友都在悬心着王阳明主仆的安危。坚强的王阳明不但没有死，还适应了这原始的生活，活得日渐滋润。首先，迫于肚子的实际需求，几个大男人不能总像猴子一样吃山货，他们开始尝试着种一些可以果腹的粮食，从而极大地改善了伙食条件；其次，通过反复沟通，王阳明不但掌握了当地语言，还与当地居民结下了深厚的友谊。

正在仆人们因为保住了性命而庆幸时，王阳明却又因为一次溪边取水而发出感慨："溪石何落落，溪水何泠泠。坐石弄溪水，欣然濯我缨。溪水清见底，照我白发生。年华若流水，一去无回停。悠悠百年内，吾道终何成。"

是的，王阳明从来没有忘记过自己的圣人志向，他的心里一直惦记着成圣这件事。在一次调研当地的地理环境时，王阳明惊喜地发现了一个山洞，虽然里面的条件也不容乐观，却能遮风避雨。他毫不犹豫地带着仆人搬了进去，还把"洞府"命名为"阳明小洞天"。在这里，王阳明打算过一过当年孔子"欲居九夷"的日子，在成圣贤的路上再进一步。

那理就在吾心处

穷山恶水、毒气烟瘴，除了谋求基本生存还能做些什么？面对饥饿、严寒、风雨，还能想些什么？这种境遇下的人很可能"眼睛一闭一睁一辈子就过去了"，还能追求些什么？但也正因为这样，人才会变得不那么贪婪，把虚名浮利都放下，爱恨情仇都可以成为过往。

采薇西山下，王阳明连那个把他置于此地的刘瑾都放下了，还有什么是放不下的呢？那也就只有生死和圣道罢了。

困在龙场中的王阳明虽然前路渺茫，时间与精力却是一大把，他在翻完了随身携带的书本后，无聊至极便做了一个大胆的决定——找死——以"死"的方式去了悟生死。

先悟了生死，再悟圣道吧。

事实再次证明，王阳明从来不是空想派。他给自己备了一具石磡，像死人一样坐进去，一坐就是数天。

这已经不是王阳明第一次静坐了，之前他静坐格竹，格到吐血。长大成人后，王阳明虽然开始质疑朱熹的那套理论，却仍然保持着静坐这个习惯：无事存养，静中体悟，正如《易经·系辞传下》中所说："天下同归而殊途，一致而百虑。天下何思何虑？"

这当然也不是王阳明第一次经历生死，午门外、天牢里、贬谪途中，甚至在这龙场，王阳明一次次死里逃生，他都未曾怕过，却也没有时间和心情去细细体悟。但这一次，王阳明是以静坐的方式体悟死亡。

那些日日夜夜，在龙场阴暗潮湿的洞穴里，王阳明悟生悟死。故乡、京城、亲人、朋友、学生、"蛮人"、刘瑾，一切都历历在目，却又渐渐走远，他在这里，仿佛是和一些人有关，却又与一些人一点儿关系也没有，人和事搅起他心头的涟漪，却又最终归于宁静。这时，他只活在自己心中。

王阳明觉得生死无畏也无谓，并不代表他就像老子一样要无为地生。相反，他觉得生命的每一刻虽不可强求，却要尽可能充实，只有"息有养，瞬有存"，如此才能超越死。

开悟生死之后，王阳明没有直接出关，他要趁热打铁，找到通往圣学殿堂的钥匙。但是，悟大道之前，他要先解开长期困扰自己的一个疑团：事物的道理与人的心，或者说与自己的心到底是什么关系？

当年，朱子毕生提倡"格物穷理"，是说要在事物本身找到事物的理。王

阳明在年少格竹之后就对这个理论产生了怀疑，只是他找不到合理的论据来辩驳，或者说，他觉得朱子是错的，却又说不清错在哪里。可是如果按照朱子的理论，自己像个死人一样在石棺里，没有格物的条件，那物的理就不存在了吗？若物的理存在，又与吾心有什么关系呢？

以此为出发点，王阳明的大脑开始飞速转动。他想到了自己过去三十多年所读过的书，原来，就算这些书不在眼前，或是许久没看，但书的内容与书中的道理却都在自己心头。而此时再细细揣摩、咀嚼书中的那些字句，体悟其中的道理，竟然是另一种"豁然开朗"。由书再联想到自己格过的竹子，每一片竹叶的脉络竟都如此清晰。

再静坐，王阳明觉得自己与这山洞和周围的环境完全融为了一体，他甚至觉得自己是洞边的草，是这山中的野兽，原来万物是一体的，原来天地万物和万物的理都只在自己的心上，自己却花了几十年的时间与精力在心外苦苦探寻。众里寻"理"千百度，蓦然回首，那"理"就在吾心处。

想到此，王阳明心中的谜团终于解开了，他以"求理于吾心"否定了朱熹的"格物穷理"说。

一个平淡却不平凡的夜晚，住在阳明洞里的几位仆人被一阵吵闹声惊醒。借着柴火的微光，他们看到王阳明坐在石棺里，拍着大腿欢欣雀跃："吾性自足！吾性自足！向之求理于事物者误也。"洞外是狼嚎野猪叫，洞里王阳明坐在棺材里叽里呱啦："圣人处此，更有何道？"

是的，心外无物，心外无理。正如多年后，王阳明游南镇时答学生的一段话：

"山中的花，它们本来客观地存在着，或是黄色，或是粉色，或是其他什么颜色，也或者是初开、盛开，或是开到荼蘼。人们不看它、不想它时，这花开得再美也与人无关，花枝乱颤也好，万紫千红也好，这些都不会在人的心中显现。只有当人产生了看花的行为，不管是有意还是无意地看到了花，人与花就会互相发生作用，花的存在与状态才呈现在人的心中。应该说，花和它的道理虽然是客观存在的，但如果没有主体看花人看花的心，那么对于未看花的人没什么意义。"

当然，不同的人看同一朵花，由于人心不同，看花的角度不同，对花的感悟自然也不同，悟到此花的理也就不同，这就是为什么"一千个人心中有一千个哈姆雷特"。

那夜，推开棺材盖，王阳明真正置之死地而后生。弹弹身上的灰尘，脱胎换骨，信步而来。

山沟沟里的心灵书院

大山环抱的贵州龙场，在 21 世纪是个旅游胜地，因为曾有一个叫王阳明的圣人在那里悟了道，那里的山水茅庐都化作了中国思想史上重要的里程碑。可是，在五百年前的明朝，那里还只是个穷乡僻壤：通信基本靠吼，寻人基本靠狗，交通基本靠走，识字的人本就不多，更别提什么文化素养。

有人要在这样的环境中讲学传道？这不但是天大的新闻，更是天大的挑战。

传播心学事业，王阳明不介意从零做起，甚至从基础扫盲做起。好在虽然当地的居民没什么文化，远近却有不少读书人专程前来问道。

说实话，这些读书人的功底和悟性远比不上两京和江浙一带的读书人，但是这些有点儿"乡"、有点儿"屯"的读书人身上也有自己的优点，那是大城市文化圣地的读书人所缺少的。他们身上还保留着山野的质朴气息，少有功利气；他们的思想更单纯，如一张白纸，允许老师在上面任意描绘；他们做学问缺少灵活性，却又不乏灵性和笃实性。

这样初级的听课对象，这一颗颗纯净的心灵，正适合悟道初期，思想与理论都还有待完善的王阳明。

为此，王阳明还乐呵呵地作了一首《诸生来》：

简滞动雁谷，废幽得幸免。

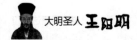

夷居虽异俗，野朴意所眷。

思亲独疚心，疾忧庸自遣。

门生颇群集，樽罍亦时展。

讲习性所乐，记问复怀觍。

林行或沿涧，洞游还陟巘。

月榭坐鸣琴，云窗卧披卷。

淡泊生道真，旷达匪荒宴。

岂必鹿门栖，自得乃高践。

诸生夜坐讲习时，王阳明也乐在其中，在他眼中，没有俗物，都是高雅的鸿儒，大家谈的内容，也都是可以流传千年的大智慧。

听闻龙场里住着一位京城来的贬谪客，跟当地人学种植绿色蔬菜，过低碳生活，不但安贫乐道，还悟了圣道，像模像样地办起书院讲起学问来了，讲的还是一门新兴的"心学"，一位贵州的"省级干部"再也坐不住了。

这个官员叫席书，他的工作地点在省会贵阳，他的工作职责就是抓好贵州省的文化教育。席书虽有才，却也一直为此事挠头：这个离京城十万八千里的省份，又偏又穷，当地不"盛产"优秀老师，也没有人愿意来"支教"，又如何大兴教育呢？听闻王阳明在龙场讲学，席书就像发现了新大陆一样兴奋。但同时，他也有顾虑，对于王阳明的家庭背景和个人气节他是有所耳闻的，可是这人到底什么水准，有没有传说中那么神乎其神还有待考察。

明正德四年（1509）的一天，席书按捺住心中的兴奋，决定前去龙场的龙冈书院亲自拜会王阳明。

起初，席书觉得阳明心学可能是宋代大儒陆九渊心学理论的翻版，他的试探题目为"您如何看待著名的'朱陆异同'问题"。所谓朱陆问题，是指宋朝两位骨灰级大师朱熹与陆九渊的观点截然不同，朱子认为"性即理"，而陆子主张"心即理"，为此二人一生掐架无果。这个问题，二人在世时掐了几十年，后世追求真理的学子也就此掐了几百年。当然，因为朱子学说更适用于统治者，所以被长期奉为官学和国家正统思想，一直为大多数人所认可。但

如果拿掉这把"保护伞"，双方其实是很难分出高低胜负的。

按席书的想法，王阳明既然是偏陆九渊的，就一定会说出一些理论来支持陆子的"心即理"，否定朱子的"性即理"，席书甚至准备好了一些自己的观点准备辩驳。但出乎意料的是，王阳明竟像是没有听清问题一样，滔滔不绝地讲了一堆"知行合一"的问题。

知与行的关系，在阳明之前，也多次被提起，但最被认可的还是朱熹所讲的先知后行。至于知行合一，席书还是第一次听说。

这么突然的逆转，席书听得晕头转向，然后带着一脑袋的糨糊回去了。

这席书是个好学之人，更是个打算振兴一方教育事业的好官。为解心中疑惑，为探阳明的学问，他放下官架子，一次次来往于龙场与贵阳之间，直到他真的听明白了王阳明讲的是什么，直到他真的认可了，直到他心服口服。席书决定请王阳明出山坐镇贵阳书院。

为此，席书还准备了一大堆的理由软磨硬泡，他说："老师啊，龙场虽好，地方却又小又偏，学生们往返一次也十分不容易，总是从百里外赶来，住三宿就得告辞了，学生数量无法保障。而心学这么好的东西，怎么能只让一小部分人学习呢？要让天下好学之人都沐浴到圣学恩泽才好。贵阳书院作为省级最大的官方书院，规模大、弟子多、影响力大，其所处位置交通也很发达，刚好解决了这些问题。再者，贵阳的医疗、居住、饮食条件都要高于龙场，也有助于老师您调养身体。圣道不止，老师您是千万不能先倒下啊！老师，您到贵阳，咱们两个离得近，方便沟通，也好一起为这个省的文化教育事业做贡献。"

好吧，王阳明恭敬不如从命。

在贵阳书院，王阳明郑重地将"知行合一"提上了讲学日程，他强调"知"是人的道德意识和思想意念，"行"是人的道德践履和实际行动，不能把知行关系作为单纯的认识与实践的关系，不可切割二者，而是要"知中有行，行中有知。以知为行，知决定行"，要知行合一地致良知。

在贵阳书院一年多的日子里，在王阳明、席书和众多弟子的共同努力下，

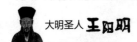

王阳明的讲学达到了"贵州士始知学"的良好效果。这一年多，王阳明带着大家感悟"坐起咏歌俱实学，毫厘须遣认教真"。不管是龙场还是贵阳，不管是小书院还是大书院，虽然条件都是一样艰苦，却因为有理想、有希望在支撑，而化作天堂。

雪里寒梅，始终傲骨。王阳明在贵州度过了生命中的又一个除夕，也在那里建立起了心学与个人价值的坐标系。

圣学实有大出处

在中国西南角的一个犄角旮旯，王阳明终于悟了圣道，成了心学一派的掌门人。表面上看这是他在龙场洞穴修行的结果，实则是他几十年的文化求索与思想沉淀的结晶。

王阳明自小读的书多，接受的教育杂，经历的事情又是五花八门，这使得他的思想天马行空。不过，去龙场前的王阳明还只是个行为"非主流"，他的血液内流动的仍是封建社会的一些主流思想。为寻圣道，王阳明常年出入儒、道、佛思想中，这为他建立心学奠定了强大的理论基础。

当然，王阳明所取的并非宗教崇拜，更多的是三教的核心文化宗旨。

儒、佛、道，三教开源不同，也各有不同的主张，儒家主张"仁、义、礼、智、信"；佛家主张"生、老、病、死、苦"；道家主张"道、无、自然、天性、自化、无为、因循"。王阳明自幼受三教思想的浸染，是个"戴儒冠的道士"，也是个"不穿袈裟的槛内人"，不过他对三教思想有着自己的见地。

王阳明自小就看祖母和母亲礼佛诵经、乐善好施，这样的慈悲心肠固然让王阳明感动，但随着年龄的增长，他也开始注意到很多人求佛拜佛都是有求于佛：求财、求官、求子，或是求平安，而很多出家人虽然是修得自身清净，却也以此为借口逃避了很多做人的基本责任，比如赡养父母，比如救国救民。王阳明虽然也喜欢"雨霁僧堂钟磬清，春溪月色特分明"的境界，他也通过佛性思考对于动静、慈悲、有无、生死有了深刻的见解，但他却并不认可佛家这种"自私其身"的"小道"。

对于道家思想，王阳明的认可度要略高于佛家思想。

王氏家族的这一支原本就有着很深的道教渊源，尚道家族的教育背景给了王阳明很深的影响，加上他本人也对道家思想有着浓厚的兴趣，他在结婚时弃新娘于不顾与老道士谈养生，他一生几次问道于九华山、武夷山，还曾想着干脆与道士一起做个方外之人。王阳明还曾经自谓"尝于静中内照，形躯如水晶宫"，愿意用"水晶宫"作比的人不是妖怪就是道士了。另外，他还自号"阳明子"，像个地地道道的道士名字。不得不说，王阳明的顽强多少源于道家至柔的力量，道家养生经更是让他受益终身。

但即便如此，王阳明对老庄的道仍是不够认同。他认为老庄之道过于高高在上，也是过于修自己的"小道"。

真正让王阳明觉得天人合一的"大道"是儒。

说到儒，也是王阳明的家学，更是宋代以来社会的官学。

因为敬仰儒学，从孔子到周敦颐、程颢、程颐、朱熹，这些人都是王阳明早期的精神领袖、思想导师，要不然他也不会在年少时就为了揣摩朱熹的成圣之道去"格竹"。只是后来他认识到有些人对儒学"跑偏"的理解，于是自己寻了一条正道，为儒学寻了一个正解。

王阳明生前是一代大儒，死后也是从祀孔庙，而他的心学更是深得儒学之精髓。

王阳明一生都将"内圣外王"的儒家思想视为最高的理想：对内要求自己有较高的道德修养，对外又能做出一番伟业。只是较程、朱等人刻意强调"礼"，把儒学当成统治阶级挟制人心的工具不同，王阳明的儒学更倾向于尊重人性、人情，更强调个性解放。

龙场悟道后，王阳明也对儒、道、佛三家思想有了新的认识。在他看来，这三家并不是相互排斥的，而是"去其藩篱仍旧是一家"，三教本一家。儒是本宗，道与佛则是在此基础上分离出来的思想，但都是因为对儒的理解不深

 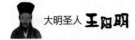

刻所产生的思想。所以，王阳明吸收儒家治国思想的三昧，身体力行，有仁爱风骨，他也汲取佛、道的思想精华，建构了自己的思想体系——心学。

除了三教的大宗思想，王阳明还用了很多有力的"他山之石"来铺垫自己的圣学大道。比如儒宗孟子，比如与朱熹齐名且学术造诣与之不分伯仲的陆九渊。

龙场三年，王阳明悟到了"心即理""知行合一"，晚年又悟到了"致良知"，而他这些心学核心思想得以形成，首先要感谢孟、陆两位大师。

孟子说："人不用学习就能的，是良能；人不用思考就知道的，是良知。幼小孩童都知道亲爱自己的父母，这是仁；再长大些，人就知道尊敬自己的兄长，这是义。这两种品德又是通行天下的。"孟子还说："良知是是非之心，人人都有。"而陆九渊则公开叫板朱熹，反对"性即理"，宣称"人心才是宇宙，才是宇宙间永恒不变的硬道理"。陆大师还说："人都有心，心就是理。"这些都给王阳明带来了很大的思想启迪。应该说，阳明得道，不是学术跟风，而是他自己想通在前，借孟子与陆子的理论完善、发展在后。

或许，不管王阳明愿不愿意承认，他之所以在圣学路上取得如此成就，最应该感谢的人还是朱熹。正是因为走过朱子"格物"的道，疑过朱子"格物致知"的道，疑过朱子"先知后行"的道，辩证过朱子《大学》的道，才促成了王阳明所悟的"吾心即道"和"知行合一"，才有了王阳明一生的不断提高。

然而，不管借了别人多少的好与不好，最终自己的路还是要自己走，心学的大旗还是要自己扛。

一入圣道百年期，从此阳明是圣人。

第七章　再出山，世、仕皆心事

功不可没的"打虎英雄"们

事实证明，魔高一尺，道高一丈，只是这降魔之路真的"道阻且长"。

碰到刘瑾等"八虎"这样有皇帝庇佑的魔头，悟了圣道的王阳明也只能乖乖待在贵州做一个"校长"。但是，眼看着各路英雄狗熊都前仆后继地倒在了"打虎"的路上，终于有人决定要出手降魔伏虎了，不管是为人还是为己，也不管自己是否被看好。

这个"终结者"叫李东阳，没错，就是那个传说与王阳明第二次科举落第有直接关系的大官。

李东阳不是一般人物，他早在四岁时，就因为才学非凡被举荐为神童。当时的皇帝朱祁钰将幼年李东阳抱在膝前，称赞道："这个孩子将来会当宰相。"长大后的李东阳在仕途上本也算是顺风顺水，奈何从弘治到正德年间，天变得太快，他也跟着栽进了阴沟。

当时，九卿六部联合弹劾刘瑾未遂，刘瑾一气之下解散了最高文官团队，让他们全都下课回家，却独留下了在此事中态度最为沉默的李东阳。然而，也正是这份"沉默"与"独留"让李东阳受尽了鄙视。上到离京的首辅同僚，下到小官百姓，都来指责他"贪生怕死，没正义感，没骨气"。还有人专门作

 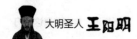

了一幅丑老太太骑牛吹笛的画，并在老太太头上写上了李东阳的号。

面对这些，李东阳都默默地忍下了，他的心是红是黑也只能留待时间去验证。

接下来的日子，李东阳借着刘瑾想争取自己的优势，救下了不少官员，其中就包括杨一清。

李东阳救杨一清，不仅是因为同门情谊，更因为他知道有些事情只有他和杨一清联手才能办到。李东阳三番五次地跑到刘瑾府上，放低了姿态，说尽了好话，刘瑾被磨得没法，终于卖了杨一清这个顺水人情给李东阳。自那之后，李东阳和杨一清白天装孙子，晚上就待在密室里，他们在观望，他们在规划，他们在等待，藏于九地之下，方能动于九天之上。忍无可忍，就重新再忍。

直到明正德五年（1510），远在宁夏的安化王朱寘镭造反了。

朱寘镭也是皇室血脉的一支，他不甘心长年待在西北的风沙中，想进京当皇帝。为了让自己师出有名，他还打出了"清君侧，诛刘瑾"的口号。

这一回，天不怕地不怕的刘瑾可害怕了。虽然皇帝和百官都要给他面子，但是，朱寘镭这是造反啊，连皇帝和朝廷的话都不听，万一带着军队打到京城，自己小命难保啊。刘瑾吓得六神无主，连夜跑去求李东阳给他指一条明路。

李东阳倒也没推辞，果断地推荐了杨一清。刘瑾一听是曾经被自己折磨下狱的杨一清，略有迟疑，但最终还是答应了："就让他去吧，平了乱，回来重赏后，我再上门给他赔不是。"早知道世界这么小，谁都会求到谁，估计刘瑾在摧残杨一清的时候就会留些情面了。

就这样，杨一清出发了，同去的还有"八虎"之一的太监张永，跟着做监军。

事实证明，之前刘瑾爱惜杨一清又求之不得继而发飙的心情是可以理解的。杨一清果然是个将才，不费吹灰之力就平定了朱寘镭的叛乱。更重要的是，在战争过程中，杨一清也终于找到了可以制衡刘瑾的绝世宝贝——张永。

经过仔细观察、考察与调查，杨一清发现张永不但有些良心，而且和刘瑾宿怨很深。与其他张牙舞爪的"老虎"不同，张永长年服侍在朱厚照身边，却相对本分，他看不习惯刘瑾的霸道行为，刘瑾也看不习惯张永有时一副正人君子的模样。二人表面上是互相依附、一致对外的同党，背地里却视对方为眼中钉。可以说，刘瑾的淫威，张永忍了好久了。

从观察到诱导、摊牌，再到做思想工作、教方法，在杨一清的步步安排与宏观调控下，张永做好了以生命弹劾刘瑾的准备。

明正德五年（1510）八月十五日，是改变历史的一天。这天，在北京豹房内，玉盘珍馐，饕餮美馔，皇帝朱厚照正大摆宴席为张永庆功。张永和皇帝一起喝酒划拳，喝得大醉，也醉得很失态，磨牙，打呼噜，还放屁……丝毫不理会陪坐者刘瑾的监视。在确定张永已经醉得没能力做出对自己不利的事情后，刘瑾做出了让他后悔终生的决定：先离开，回去给自己哥哥筹备一场风光的世纪葬礼。

刘瑾一走，张永立刻命人关门，跪在朱厚照面前。他拿出杨一清的弹劾书，拿出朱寘鐇在宁夏当地贴的诛刘瑾、号召造反的告示，之后像报菜名一样数出刘瑾的滔天罪行。

见朱厚照不吃这套，张永又哭着说出了那段彩排好的话："我们君臣可能都见不到明早的太阳了，咱就都自求多福吧，让奴才下辈子再伺候您吧……刘瑾要造反了。"

这果然是个撒手锏，朱厚照清醒了，他推开怀里的小太监，哼了一声："把刘瑾抓起来。"

第二天，朱厚照又改变了主意，他觉得"刘瑾虽有恶行，却不至于造反"。就在张永茫然无措，担心会落得与九卿六部官员同样的下场时，李东阳神一样出现了，还带着各部和各地对刘瑾的弹劾书，以及刘瑾造反的各种证据。

自作孽的刘瑾被判凌迟，全身被割三千三百五十七刀，他的肉片被仇家和百姓买了去，或告慰亲人，或放在火炉上烤了吃掉，一代奸宦就这样以血肉偿还了他欠大明和世人的血债。刘瑾倒台，阉党集团也随之"树倒

 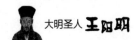

狲狲散"。

刘瑾就这样死了，作为一个十恶不赦之人，背着诸多十恶不赦的罪名。但他本身却和汪直有些相似，他本不是不可救药之人。比如，刘瑾也曾在自己推行的改革中提到要为寡妇谋求福利。要知道，在男尊女卑的社会，对于女子特别是寡妇这类弱势群体，连圣人朱熹都会漠视，刘瑾一个太监却想到了她们的利益。不管是因为同病相怜还是什么，他心生恻隐了，而且明知道她们不能为自己带来任何名誉与利益。当然，随着刘瑾那个知行不能合一的改革失败，他的善念也无法成为善行了。

只能说，可怜与可恨有时只有一步之差，在可恨的路上，刘瑾走得太远。没有良知来主导，他失去了一个个做好人和做好太监的机会。最终，因为私欲膨胀，这一切可能的美好都变成了镜花水月。

终于，"猪们"把"老虎们"吃掉了。是李东阳、杨一清、张永这些人格上或多或少存在争议的人物，完成了戴铣、王阳明这些正人君子都无法完成的"打虎"事业，这不得不让人对前者的"政客"身份产生敬畏，他们要么不出击，一出击就会置人于死地。

且不说这些人物后来的命运如何，只说"打虎"过后，正德皇帝身边并没有变得"白茫茫大地真干净"，而是按下"八虎"，又起了钱宁、张忠这样的小人，"你方唱罢我登场"的权力游戏仍在继续。

但不管接下来是什么，至少一个由刘瑾带来的黑暗时代结束了，这种欢庆是全国性的，连遥远的贵州也能感觉得到。

庐陵知县不受案

政治这东西就像弹簧，弱与强总是相互的，遵守着能量守恒定律，当一股势力过于强大时，与它相对的势力就要弱小些。但是，弱不代表恒久的弱，强也不代表永久的强。明正德五年（1510），刘瑾被"销户"，虽然正德皇帝朱厚照并没有因此洗心革面，但是天下苍生和某些政治人物还是庆幸了一番。

按照惯例，一个政治集团的首要人物倒下去，这个集团也会跟着轰然倒塌，曾经和这个集团对着干的人也会得到平反。很幸运，王阳明就是这次政治大换血中的一个小小受益者。

三月，王阳明迎来了生命中的阳春，他不但结束了流放生涯，还被安排到庐陵（今江西吉安）做了知县。

对于这突如其来的大好变数，王阳明一下子有点儿不适应。龙场三年，自己已经适应了那里原始却简单安逸的生活，更深深地爱上了当地淳朴的苗家人。而自己在龙场悟圣道，又收了那么多的弟子，这一走不知何时才能再见，他还有很多话想告诫诸生，希望他们立志、向学，希望他们知道悔悟。现如今，抛下三年过往，重新入仕，却不知自己前路如何。

带着诸多的眷恋和顾虑，王阳明踏上了庐陵的土地。

令人略感欣慰的是，庐陵也是在山水之间，苏东坡曾作诗讴歌这里"巍巍城郭阔，庐陵半苏州"。庐陵有着深厚的文化底蕴，是状元和进士的"出产地"，以"三千进士冠华夏，文章节义堆花香"著称于世。庐陵的科举神话还不止如此，这里曾经缔造了"一门九进士，父子探花状元，叔侄榜眼探花，隔河两宰相，五里三状元，九子十知州，十里九布政，百步两尚书"的奇迹。当年元朝为此地改名吉安的意思也是希望其"吉泰平安"。

只是，这些美好，王阳明都无暇欣赏。上任第一天，还没等他屁股坐稳，早早等候在县衙外要申冤的人就哭天抢地地诉起冤来，更有甚者直接在堂上吵了起来，乱哄哄的，像个菜市场。强烈的正义感让他告诉自己：一定要断好这些案子，还这些人公正。

由于报案的人太多，他们的状纸也写得太长，王阳明只好先听一些看上去冤情最重的人陈述。但荒唐的现实很快给了他当头一棒，原来这些所谓的比窦娥还冤的冤情不过是些日常琐事。为了防止其中会有漏掉的大案冤案，王阳明连着几天耐着性子听了不少的案情陈述，也看了不少的状词。最后，他终于有了要吐血的感觉，这都是一些无关紧要的小纠纷，百分之八十都没必要闹上公堂。

经调查，王阳明知道庐陵县不但盛产状元，还盛产刁民。交通发达的地理位置，导致县里鱼龙混杂，人们的价值观太不相同了，而他们偏偏又都很喜欢为自己维权，一个又一个的知县老爷因此累倒在了工作岗位上。

王阳明却不打算不明不白地做下一个。

几天之后，庐陵闹市的墙壁上出现了几张告示。告示是父母官王阳明命人贴的，告示的内容也是王阳明亲笔写的。

第一，王阳明温暖地向当地的父老乡亲们传达了自己的亲切慰问。

第二，他动之以情、晓之以理地告诉大家，每个人本质上都是有良知的好人，只是有人的良知暂时被蒙蔽了，所以大家要相互谅解、相互扶持、相互关爱，不要动不动就为一些小事告状，伤和气、伤感情，更伤民风和当地治安。

第三，王阳明下达了很多实质性的命令，如谁再敢因为鸡毛蒜皮的小事来告状，县衙不但不受理，还会将告状者打出去。为了节省状纸资源、提高官府的办案效率，告状的人也必须长话短说，若再像以前一样长篇大论，当重罚。

第四，王阳明又真切地提到自己身体不好，本想为大家鞠躬尽瘁，却也请大家疼惜，能私了的就不要闹上公堂。

读着这样的告示，想想知县老爷的态度，再想想继续告状的后果，那些跟风告刁状的人就都知难而退了，只剩下一批正经告状的人。但对于剩下这些仍多是小打小闹、家长里短的案件，王阳明也不急着审，他摆出一副"清官难断家务事"的架势，派出一批批老资历的调解员从中调解，几通思想工作下来，有人决定私了，有人决定小事化了……

就这样，旧的状子不断地往下撤，新的状子越来越少，在王阳明的真情带动与有序领导下，庐陵百姓虽然还没有全部变得见父母兄长就知道孝悌和尊敬，却也慢慢地将注意力与精力转移到种田、做生意、过日子上去了。

一个乌烟瘴气的县城在短短几个月内被改造得较为正常，这些成绩皇帝看不到，有些主事官员却看在眼里。同年十二月，一张委任书将王阳明升调走了。

庐陵的官员百姓奔走相送，那时他们还只是单纯地不舍，那时他们还不知道几年后王阳明还会回到江西，并在这个省份立下了他人生中的最大功勋，为一省甚至一国百姓带来重生。

大兴隆寺里真热闹

刘瑾伏诛后，连幸运女神也回来垂青王阳明了。他的任命书一封接着一封，官也越做越大。王阳明本人也如做了一场大梦。前三年，自己还在荒凉的龙场与野兽为伍；后三年，自己却以朝廷命官的身份奔走于繁华南北和两京。他把这些迂回坎坷都看成"天将降大任于是人"的磨砺，饱尝过艰辛，才更懂得生命的可贵。

龙场"长假"过后，王阳明已经到了不惑之年。四十岁的他，没有选择也没有退路，对于官职与富贵，他已经修炼到不动心的境界，因此并不介意朝廷派给他一个又一个闲职。此时的王阳明，仍沉浸在寻到圣道的喜悦之中，他希望在有生之年能够将圣学研究透彻，并发扬光大。

宣传圣学，圣人的人生才真正开始。

明正德七年（1512），王阳明又在北京高调讲学。这一次，他占据了天时地利人和。想他二十郎当岁时，并无大成，便敢在人才济济的京城开班讲学，无论是在学术界还是在民间都闹得轰动一时。如今他学成归来，成为新生的心学一派掌门人，又顶着被刘瑾杖责的忠烈光环，这本身就是一则硬广告。因此，王阳明一开课就受到了当地学子的追捧，无论是真心想拜师的，还是要抨击他的人，都要先来搞清楚心学到底是怎样一门学问。

北京不但云集了各地的优秀人才，更有王阳明优质的人脉资源。听闻王阳明归来，最开心的就是他的老朋友湛若水。旧友相逢，本就有太多的话要

说，有太多的情要叙。时隔多年，两个人都已经悟到了自己的圣道。虽然早年志同道合的两人如今学术观点已大不相同，正如湛若水所称"阳明与吾言心不同。阳明所谓心，指方寸而言。吾之所谓心者，体万物而不遗者也"，但这都不影响他们在一起讲学切磋，碰撞出思想的火花。

在紫禁城之西庄严的大兴隆寺中，京城及各地好学的官员学子慕名而来，他们也秉着萝卜白菜各有所爱的精神，纷纷拜在王、湛两位宗师的门下，听他们讲学论道，点拨智慧，启迪人生。大兴隆寺一时成了圣学的大本营。

美好的京城岁月，美好的讲学生活，学术得意，学术友谊也更容易来敲门。沉浸其中，王阳明无时不动容。他曾饱蘸情感一连写了四首诗，送别一位叫方叔贤的友人，有不舍，也有学术叮咛："休论寂寂与惺惺，不妄由来即性情。笑却殷勤诸老子，翻从知见觅虚灵。"

王阳明还很尊敬学风高尚的"白湾"先生宗岩文，诗咏他"白湾之渚，于游以处。彼美君子兮，可以容与。白湾之洋，于濯以湘。彼美君子兮，可以徜徉"。

当然，朋友圈大了，难免会有几个性情复杂的人物混入其中，比如黄绾。

黄绾字宗贤，王阳明的浙江老乡，祖籍福建莆田。黄绾祖上也有唐朝桂州刺史开国公黄岸这样有头有脸的人物，"名人之后"这个身份对他产生了一些影响，比如觉得自己非池中物，黄绾是这样想的，也是这样激励自己的。既是非凡之人，结交的又怎么能是俗辈呢？为此，黄绾煞费苦心地托人介绍结识了王阳明，还以"门人"自称。在王阳明北京讲学期间，他凭借自己渊博的才学、谦恭的求学态度，直接打入王阳明朋友圈的核心地带。

明正德七年（1512），王阳明、湛若水、黄绾一起在大兴隆寺讲学，三个一心"朝圣"的大老爷们儿在一起，一面谈天一面笑。他们白天讲学，晚上论学，还经常喝得大醉。三人甚至相约"终身相与共学"，大有"桃园三结义"的架势，可惜天下没有不散的筵席。

到了分手之际，王阳明拉着湛若水的手，一程程相送，终是不愿分离。好友有国命在身，要去往安南国册封安南王。他留不住好友的人，也留不住伴好友出使的豪华马车。他知道湛若水这一路注定是艰辛的，这年头，往南去的路根本不好走。他更怕湛若水走后，再难有人知道他的心忧。同是追求圣学之人，同样有一颗向圣的心，自己却被苦苦羁绊在这纷乱的官场中，要是能与若水携手归隐该多好啊。

此情无计可消除。拉着湛若水的手，王阳明将这些话都糅进了一首送别诗里。

我心忧以伤，君去阻且长。一别岂得已？母老思所将。奉命危难际，流俗反猜量。黄鹄万里逝，岂伊为稻粱？栋火及毛羽，燕雀犹栖堂。跳梁多不测，君行戒前途。……斯文天未坠，别短会日长。南寺春月夜，风泉闲竹房。逢僧或停桡，先扫白云床。

他想，湛若水一定是懂自己的。是的，他懂。

其实，王阳明大可不必如此伤悲，因为多年后，世道仍是艰难，命运仍是无常，他与湛若水的学术道路仍是不同，而他们二人也终能莫失莫忘。

伤离别，王阳明也有太多的话要对黄绾诉说，他更有太多的道理想分享给黄绾听，他这样赠别黄绾：

古人戒从恶，今人戒从善；从恶乃同污，从善翻滋怨；纷纷嫉媚兴，指谪相非讪。自非笃信士，依违多背面。宁知竟漂流，沦胥亦污贱。卓哉汪陂子，奋身勇厥践。拂衣还旧山，雾隐期豹变。嗟嗟吾党贤，白黑匪难辨！

拉着黄绾的衣袖，王阳明的伤感更为理性，他像大哥哥一样跟黄绾感慨：“古人都耻于逐恶，而现在人却刚好反过来，这真是人的价值观容易沦陷的时代啊！”最后，他无奈叹息道：“就算是我们这群高尚的朋友，也很难透视这世间的黑白啊！”

拉着黄绾的手，王阳明也许能预感到，在自己未来受尽政治诋毁时，是黄绾挺身而出上书为自己力争，是黄绾毅然将黄家的宝贝闺女嫁给了王家遗孤。但这时把黄绾视为“吾党贤”的王阳明，可曾想到，十多年后，黄绾会同一些政治投机分子一起，利用王阳明心学思想去帮时任皇帝打赢一场叫作“大礼议”的战争，很多人因此血溅朝堂。这时的王阳明，又是否会知道，就

 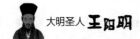

是面前这个对自己毕恭毕敬、对心学深信不疑的黄绾，日后会成为首先跳出来全面攻击阳明心学的叛徒。

心学总有不完善之处，因学术思想不同而分道扬镳，这本在常理之中，但黄绾晚年说出"予始未之信，既而信之，久而验之，方知空虚之弊，误人非细"这样无情无义的话，这到底是因为他学问入了"悟后迷"，是他被社会熔炉改变了本性，还是说这才是真正的他？

那年，王阳明选择用善、恶、黑、白这样的字眼来相送相别，是不是本就看透了黄绾德行中的这种种晦暗不明之处，只是他忽略了。又或许，王阳明就算是知道也不后悔吧，毕竟这世上的事哪有纯黑、纯白的。人心如月有圆缺，作为心学大师的他，比任何人都清楚。

多年之后，大兴隆寺仍在，晨钟暮鼓仍按时响起，又有新人在那里讲学，又有新的法事在那里举办。它不仅是佛家的道场，更是王阳明的道场，那里记录着他当年讲学时的热闹，也记录着他当年的友情。

此情可待成追忆，只是当时已惘然。

谁动了《大学》

明正德七年（1512）十二月，王阳明被擢升为南京太仆寺少卿，将择日南下。离别大兴隆寺内的众学友固然伤感，但好在有大弟子徐爱与他同行。那时的徐爱刚刚结束了京城考核，也要到南京去做官，二人一路走一路探讨学问，可谓天赐机缘。

面对徐爱，王阳明有爱也有愧疚。当年自己遭贬谪，千里逃亡，徐爱却毅然拜师。后来王阳明龙场悟道，徐爱不顾科场失意，二话不说就跑来龙场与他一起论道。几年分别，聚少离多，自己也多是靠鸿雁传书来解答徐爱的疑惑，即便如此，这个弟子也从没有停止过传播师学。只是，这样的徐爱，却还没有悟到真传。

该拿什么点拨你，我的好弟子？王阳明一路沉思。

一日，师徒二人又聚在一起论学。王阳明突然一本正经地告诉徐爱："你去好好读读《大学》的经文，再来找我。"徐爱被说得一愣："《大学》是儒家的经典圣学，可原文也只算得上是中小学生启蒙读物，自己自小就熟记于心，不说倒背如流也差不多了，老师难道是在怀疑我的基本功不够扎实吗？"这一迟疑，他的动作也跟着迟缓起来。

王阳明似乎早就料到了徐爱的反应，也看穿了他的心思，干脆现场听他背诵起《大学》的经文来。背过之后，王阳明又让他讲对《大学》的理解。徐爱恭恭敬敬地说了很多，与其说是他自己的见解，不如说是重复宋儒的见解。当年，宋儒程颐、朱熹重新注解了儒家经典，《大学》就在其中，而徐爱从小接受的就是从宋儒那里传承来的文化教育。

徐爱是一个好的接受者，也是一个好的背诵者，但王阳明想让他成为一个好的思考者。

良久，王阳明都没有说话。又过了半天，他才开腔道："这不怪你，是程、朱二位圣人误读了《大学》，给出了很多错误的注解，你和世上的读书人不过是受害者罢了。"

多少年来，程朱理学作为"官方教科书"，教育了一代又一代人，不少所谓的大成者，也不过是反复咀嚼宋儒的文化果实。这一点，二十六岁的好学生徐爱又怎么能幸免？如今，老师这样坚决地指出朱熹是错的，还说他误人子弟，徐爱迷惘了。

一面是自己深信多年的朱圣人，一面是自己从骨子里敬仰的老师。孰对孰错？然而，就冲老师敢于突破传统思想、敢于质疑权威这一点，徐爱就决定力挺老师。那一刻，他的想法很简单："我自己的老师，自己都不带头力挺，那还要求谁去支持呢？"或许，这也是王阳明疼爱徐爱到骨子里的原因之一吧，得弟子如此，夫复何求呢？

接着，王阳明耐心地给徐爱做了很多关于《大学》的讲解。

《大学》古本中，首章是"大学之道，在明明德，在亲民，在止于至善"。

 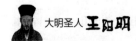

朱熹把"亲民"改为"新民"，王阳明认为这本身就是一种对原意的颠覆。新民，是以自上而下的姿态去教化、启蒙、改造民众，不客气地说，这样的直接后果就是让不明就里的民众产生奴性，这样的理论虽然被统治者所接受，却不是孔孟"施仁政"的本意。而亲民则相反，它从民众的需求、情感与愿望出发，以服务人民为导向，它主张尊重历史文化、尊重传统，这才是孔孟"仁学""仁政"的最好体现。朱熹只误读了一个字，偷换了概念，产生的后果却如偷天换日，足以使世世代代变得愚昧。

另外，朱熹对于《大学》中"知止而后有定"的解释，王阳明也不敢恭维。朱熹认为"事事物物皆有定理"，王阳明却认为：从事事物物上去寻求至善，是在本体之外求理，而至善本是内心本体的，只要彰显人们内心本有的光明德行到了极致，就能做到至善，就能穷尽天下所有的事理。

对于老师的这些犀利观点，徐爱接受了，但是他还没办法马上消化。他不是觉得老师不对，相反，老师的话越对，对他的冲击就越大，那就意味着自己二十多年间的好多信仰和因此形成的三观是站不住脚的。

为此，徐爱郑重地将此事与自己的心情变化写成了一篇日记，当然这也可以说是授课笔记。

在笔记中，徐爱承认听到老师王阳明说"先儒错了"的时候，自己是恐慌的、惊诧的，继而又是怀疑的，因为这颠覆了他脑海中太多的东西。但听了老师的解释，自己又追问了很多之后，老师的形象在他眼中顿时又高大了许多，老师之说真是"若水之寒，若火之热，断断乎百世以俟圣人而不惑者也"。

徐爱很震惊，老师的聪明睿智简直是上天赐予的啊！有些人见老师，会翻旧账说他少时豪迈不羁，喜欢舞文弄墨，又常常出入佛、道二家，他们戴着有色眼镜看老师，再加上听老师的新观点"立异好奇"，便不愿意深入了解。他们不知道，老师的观点，看着容易，其实高深；看着粗糙，其实越探越细。那都是老师在贵州三年处困养静所悟到的精华啊！

想到这些，徐爱像个孩子一样开心，为自己进入圣域的老师，为自己能有幸与老师这样朝夕相随，更为更多可以因老师学说而受益的人们。他希望世人也能如他一样，因先生的学说而受益无穷。

徐爱不是故步自封的人，却也不是盲目信从的人，他还需要更多时间去反思，也需要时间去认知新的、正确的思想。在这个世界上，除了老师本人，没有人比他更相信老师，也没有人比他更坚信老师的真理会越辩越明。只是那时年仅二十六岁的徐爱，还不知道自己刚刚起步的美好生活，就只剩下五年的时间。他用尽了余生所有精力来实践老师的真理。

滁州岁月，布道山水间

"滁之水，入江流，江潮日复来滁州。"

安徽滁州，吴风楚韵之地。当年，欧阳修因为支持"先天下之忧而忧，后天下之乐而乐"的范仲淹的改革，被贬谪至此。好在这位郁闷的大文豪很快就找到了自遣的方式——呼朋唤友，娱情山水。而他的一篇《醉翁亭记》更是让滁州名闻天下。

明正德八年（1513），四十二岁的王阳明也在滁州，做一个叫"督马政"的闲官，具体工作内容请参照"弼马温"一职。给马屁股盖章之余，他也会隐晦地抱怨一下自己的不得志："凤凰久不至，梧桐生高冈"，"援琴俯流水，调短意苦长"。

有时林间睡起，回想现实，王阳明也会自我调侃一下：

林间尽日扫花眠，只是官闲愧俸钱。

门径不妨春草合，齐居长对晚山妍。

每疑方朔非真隐，始信扬雄误《太玄》。

混世亦能随地得，野情终是爱丘园。

但是，他终是没有太多时间与精力去抱怨。他是一个能看得开的人，更重要的是，那时正有一群王门心学的新老门生聚集在他身边，等待着聆听他

的教诲。

面对这支阵容空前庞大、态度又极为真诚的求学队伍，王阳明决定充分发挥滁州山水的优势，"只把山游作课程"。

滁州的山水果然没有辜负他。"野芳发而幽香，佳木秀而繁阴，风霜高洁，水落而石出者，山间之四时也。朝而往，暮而归，四时之景不同，而乐亦无穷也。"工作之外，王阳明都带着学生流连在山水间，欣赏着"林壑尤美"的诸峰，欣赏着"望之蔚然而深秀"的琅琊山，欣赏着"有亭翼然临于泉上"的醉翁亭。

当然，旅游不是目的，传道授业解惑才是目的。行游滁州山水间，王阳明最常让学生做的就是席地而坐，从静坐入道。

然而，这些男人总是容易浮躁，他们难像修行高深的和尚道士一样，一坐就是一天；他们更难像女人一样，一坐下绣花可以坐一辈子。开始时，总有些学生如坐针毡，王阳明倒也不苛责，假装没看见。这些学生见老师和其他人都在坐着冥想，便也试着集中精神，继续静坐，坐久了，也就习惯了，当打坐不再成为一种煎熬，他们也开始进入精神世界神游。

又过了几天，有些学生开始察觉到他们的老师居然在打坐时变得三心二意起来，老师不但思想溜号，还会有些小动作，甚至大动作，搞得四座不得安宁。有学生实在忍不住了，问道："老师，您有哪里不舒服吗？"王阳明诧异地回道："你不是在静坐吗？怎么会知道我不舒服？"学生愣住了，支吾道："一直见先生这里有动静，我就忍不住观望了。"王阳明没再作答，他唤醒了打坐中的众学子，问大家打坐心得。

有几位学生描绘了他们各自看到的画面和所达到的境界，而更多的学生则是羞赧地红了脸庞，说了实话。原来，他们近几日都在受老师诡异行为的干扰，很难再集中精神，很多人甚至连之前已经克服的流水声干扰和蚊虫叮咬问题都无法再克服了。

出乎意料的是，王阳明并没有表扬前者，也没有批评后者。他只是平静地对学生们说："继续静坐，进入那个你们能够去除私欲、存养天理的世界中去吧！"

这不是岔开话题，这正是王阳明静坐课的中心思想。

王阳明要学生静坐，从静坐入道体悟动静，这是他在滁州的主要教学内容，也是阳明心学中很重要的一课，但他却不要学生执着于此。他曾这样告诫学生："静坐只是一种形式，是表面功夫。一个人该在宁静或行动时，都时时不忘除私欲、存养天理，这才是硬道理，也是宁静的终点。如果一个人只能在宁静时才能做这种修炼，不仅会产生喜欢宁静而讨厌活动的毛病，而且这个人的心中还可能潜藏着其他毛病，一旦遇到实际问题，这些毛病就反复滋长了。"

月圆之夜，常有数百人环龙潭而坐，体悟动静合一之境，涵养夜气。王阳明也会用诗来表达心中的所感所想：

何处花香入夜清？石林茅屋隔溪声。

幽人月出每孤往，栖鸟山空时一鸣。

草露不辞芒屦湿，松风偏与葛衣轻。

临流欲写猗兰意，江北江南无限情。

就这样，赏山赏水、赏花赏月赏心，滁州讲学的日子充实而快活。

那年的滁州，山巍巍，水潺潺。怡养山水间，与自然融为一体，王阳明让学生们意识到自身的渺小，也让他们更深刻地感受到了"天地之大，大有可为"。那年滁州讲学，王阳明带众多学子静坐入道的画面丰富了滁州画卷，王阳明从游之众自滁州始，他还让学生们在天理私欲之外，明白了一个动静结合的观点：光坐着瞎想是没有用的，凡事还要在事上磨。那年滁州七个月，王阳明光诗就作了三十六首，有关于山水的，有关于师生情谊的，更多是关于圣学圣道的，又或者说这些美好的事物本就联为一体，不曾分割。

纵有诸多不舍，王阳明最终还是离开了滁州，离开了襄泉，离开了醉翁亭，离开了琅琊山，他的弟子们呼啦啦相随相送难相别，不为功名却为学问。这又何尝不是王阳明人生诸多不幸中的万幸。

南京！南京！

"一觉红尘梦欲残，江城六月滞风湍。"

明正德九年（1514），四十三岁的王阳明又升官了，升至南京鸿胪寺卿，名义上他向权力高层又跃进了一大步。再次置身于六朝古都、十朝都会的南京，工作内容仍是不痛不痒，他也只好继续专心布道。

南京原本就有一个吸引心学弟子之处，那就是王门的大弟子徐爱在这里做工部员外郎。这徐爱不但人品好、性格好、学问好，对心学传播也近于痴狂，很有学弟缘。现如今王阳明本尊也在南京，而且比较有空。于是不断有新老学生从四面八方赶来。在他们看来，此举不但神圣，而且怎么都是不亏的。

一时，南京成了心学的又一个传播中心。

那月，酷暑如蒸，一位叫周莹的浙江小老乡千里迢迢赶来问道，王阳明热情地接待了他。

周莹是王阳明学生应元忠的学生，算起来也是王阳明的徒孙了。周莹一来，顾不得休息就切入正题，请教起学问来。

王阳明倒不紧不慢，问他："你是从你的老师应先生处来吗？"

周莹答："是的。"

王阳明又问："应先生教了你些什么？"

周莹恭敬回道："也没有别的，就是每天教育我要立志读圣贤书，不要沉溺于一些流俗中的学问。应先生还说，这也是阳明先生所讲的，若我不信，可以亲自前去询问。"

王阳明听后，哈哈大笑："你既然已经学到了圣之道，就出徒了，我也没什么可教的了。"

周莹听后，以为是自己哪里不敬，惹恼了王阳明，赶紧解释："我不是不

相信老师应先生的话，只是我空明白了道理，还不知道具体的学习方法啊，这才千里迢迢赶来。"

王阳明恢复了严肃："你知道了，而且你做得很好了。"

见周莹一头雾水，王阳明又问："你这一路从永康来，应该很辛苦吧？"

周莹老实地点点头，将自己一路跋山涉水的奔波讲了一些，他还讲到，仆人中途病倒，他把囊中银两都给了仆人，自己借粮坚持到了南京。

王阳明听后，不由得感慨："真是难为你了。你这么远辛苦赶来，是不是有人强迫你啊？"

周莹怕王阳明误解，赶紧解释说自己累并真心快乐着，不需要人强迫。反倒若是没问到学就无功而返，才是真正的失败。

见周莹还没有悟，王阳明一语道破玄机："你为了求学，跟应先生学习还不够，还不远万里来找我求证、求解。这一路，你逢山开路，遇水搭桥，扛过所有的艰难困苦，终于实现了愿望。而这一切，又无人强迫，都是你自己的主意，这不就是你立志于圣贤学问的态度和行为吗？哪里还要我再教你什么方法啊。"

周莹听罢，恍然大悟，跳起来行礼说："这就是做学问的正途吧！但是我沉迷于书上的那些言论，却总是找不到方法，我该怎么办？"

王阳明拈着胡须，玄乎地说："你见过把石头烧成灰吗？只要火力足够，浇上水，石头就砰地爆裂变成灰了。你先去把火力加足，我准备好水等你。"

这一课，看似不经意，王阳明却是给周莹上了人生中最重要的一课：立志是人生的第一要事，而态度又决定了是否会实现志向。他让周莹回去修炼功夫，即将圆满之时自己会帮他踢出临门一脚。

对于周莹，应该是不虚此行吧，而王门有门生如此，王阳明又有何求呢？

在南京，王阳明还救赎了一位特别的弟子周积，一个在他生命的最后陪他、送他、葬他的人。

那时的周积，正值热血年华，人很浮躁，好学却不求甚解。王阳明在南

京讲学时，他就往返于浙江和南京之间，一会儿听课，一会儿又不听课；一会儿悟了，一会儿又晕了，使得王阳明哭笑不得。连续多天，王阳明花了大把精力教育他、点拨他，带他修习专心致志的功夫。他教周积，也教弟子们"立诚"，先建立诚心，然后才能去人欲存天理。

十多年后，周积伏在王阳明的棺木之上，不知道他的眼泪中是不是比别人更多几分情愫。

授课之余，王阳明仍是个潇洒的隐士。人间炎暑无逃遁时，他就归向山中去卧岁寒。山中懒睡，"扫石焚香任意眠，醒来时有客谈玄"。山中好，山中清净还无尘扰，"山中莫道无供给，明月清风不用钱"，"岩瀑随风杂钟磬，水花如雨落袈裟"。在山中，王阳明与林芳说情话，听石泉响叮咚，让灵魂升华。

闲来，王阳明也会饶有兴致地给别人的画题诗，在扇面上写些文字，或是继续接待弟子和朋友。

如果不是身体亮起红灯，如果不是看到头上又新增了白发，或许王阳明还会安心地过着讲学与隐居山林的日子。只是，"百年未有涓埃报"，一个老去的"病夫"到底还有多少时间可以等待？王阳明不知道。

"日月其逝，如彼沧浪。"先是六七月暑雨，又是秋风吹散锦溪云，后一年春寻载酒，王阳明在南京等待着。

第八章　临危受长缨，大儒初用兵

剿匪，为什么是王阳明

明正德十一年（1516），讲学中的王阳明接到了来自大明最高行政机构的又一份升职任命。与这几年被安排的闲职不同，王阳明的新工作内容很具体，也很危险——"巡抚南赣、汀、漳等处"，说白了就是去这些地区剿匪。

朝廷要王阳明去剿匪？这实在很奇怪。首先，刘瑾集团已经覆灭了，为什么天下还没太平？其次，剿东南地区的匪，地方官何在？为什么要北京朝廷特派官员前往？虽然至此时，大明王朝一直以来都是以文制武，军区司令、集团军群司令级别的军职全部由文官担任，但既然匪情发展到要朝廷亲自派人，怎么就轮到了零实战经验的王阳明呢？

此事必有蹊跷啊！

这其实是大明王朝的另一个痛。

明朝到了王阳明生活的时代，虽然也有过短暂的"弘治中兴"，但早已不是那个"国泰民安"的大明了。百姓生活得极其不幸福，甚至要抛家舍业去当土匪流氓，责任不能全由刘瑾这样的奸臣贼子来背，皇帝们最是"功不可没"。

当年大明以民变开局，颠覆了成吉思汗"弯弓射大雕"打下的江山，颠

覆了大元一二三四等民的统治架构。朱元璋经历了开国的艰辛打拼，更能领悟"水能载舟，亦能覆舟"的道理；朱棣为了粉饰自己装疯卖傻、血溅河山的夺位过程，更肯实践"民为贵，君为轻"的理念。可惜他们的龙子龙孙过得太好了，他们的轻民思想从娘胎里就带来了。再加上这些皇帝多幽居深宫，关注最多的就是如何享受，如何长生不老。

天朝老子们不闻不问，京官地方官又多不作为，百官因循，加剧了民间的乱象丛生，活不起的百姓们为了生存或快速致富开始胡作非为。有人小偷小摸，有人小打小闹，稍有点儿"志向"或者"能耐"的便去占山为王、落草为寇，动静再大点儿的干脆就起义了。

在正德皇帝朱厚照当政期间，拜这位"史上最爱玩皇帝"所赐，民间贼匪问题和问题式人物翻倍增长。这些地方涵盖了广东、福建、江西、四川、河北、山东、河南、湖北等地，有名和无名的"土霸王""山大王"数也数不清。

在朝廷的字典里，全国百分之九十以上的匪寇是"管不了"的，这些人要闹，劝是劝不住的，拦是拦不住的，得打！

可怕的是，打也打不下来。

在地方担任剿匪重任的多是一些软趴趴的当地官员和士兵，他们对土匪的威慑力简直是零。老百姓与山贼土匪一次次看着政府军队像跳梁小丑一样"隔靴搔痒"，之后便失望的失望，肆无忌惮的更加肆无忌惮。同时，在剿匪的过程中，各种借剿匪之名要求百姓缴纳的税目层出不穷，无疑是让百姓的生活雪上加霜。

当然，朝廷选择剿匪的出发点也并不是为了安黎民、慰苍生，不过是希望世道看上去不要太乱罢了。就在这危难之时，朝廷把东南剿匪这个烫手山芋交给了王阳明。

出这个鬼点子的人是兵部尚书王琼，他与王阳明没有什么裙带关系，也无冤无仇，他的举荐纯粹是因为伯乐对千里马的赏识，也是出于他缜密又大胆的军事思考。

作为全国军队总负责人，王琼明白，他生活在一个看似和平的"坐江山"时代，真正的将才较打江山那会儿少太多了。武将也的确越来越不吃香，整天打打杀杀，最后爬上来还是要受文官压制。在这样的大背景下，越来越少的家长愿意将自己的孩子培养成"莽夫"，等这种状况循环到了明朝中期，国家能拿得出手的武将就更少了。在现有的少之又少的优秀武将资源中，一部分去戍边了，一部分在其他地区平乱，一个萝卜一个坑，真是谁都动弹不得。

剿匪大计，传统的武官很难承担，找一个有谋略的文人做统筹仍是最理想的。可再看朝中文人，资深的政治老谋子不可能去前线，而其他文官要么是些喜欢动嘴皮子骂人、写奏折歌功颂德的家伙，要么是些纸上谈兵的空想家，还有些忠烈的，才能也仅限于学术传播和文艺复兴等方面，一时竟真找不出合适的人来。

直到王阳明的名字再次出现在王琼的脑海里。

王琼想给王阳明一个机会，这不是突然萌生的念头，而是他很久以前就有的想法。王琼很早就听闻状元王华有个痴迷于兵战的儿子，十五岁就单枪匹马考察居庸关，还喜欢在自家用瓜子、果核排兵布阵，这让他很感兴趣。王阳明为官后就运用军事思想完美地修建了王越墓，这让王琼认识到王阳明不但有思想而且有实战能力。另外，王阳明当年敢于向当权的刘瑾叫板，又奇迹般地逃过了锦衣卫的追杀，还在龙场悟了道，之后又敢于向传统又权威的朱熹理学挑战，成为心学一派的掌门人。

真是一个有着无限能量与潜力的人才啊！

当然，王琼能想到起用王阳明，也并非全是为公。王琼自己坐到这个高位不久，拉拢一些有才能的人是很迫切的事。他看到王阳明的才能，也看到王阳明长期才不能尽其用，于是，他这次"以公之名"，将橄榄枝抛向王阳明。

王琼又开始做同僚的思想工作：王阳明这小子着实有才，给他一个施展抱负的机会，他就是当朝于谦啊！王阳明没有实战经验又如何？当年诸葛亮出茅庐前也没有经验，照样运筹帷幄，决胜千里。王阳明虽然不是最理想的

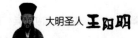

人选，却是当下最合适的人选。

当务之急，总要有人试一试。是真金还是破铜烂铁，一验便知。

孬不孬，谁说了算

面对来自朝中重臣的赏识，王阳明还是兴奋的。

除了兴奋，也有顾虑。任命刚下来那些天，王阳明白天讲学，晚上都在深思。

早听说剿匪是件棘手的事，自己在庐陵做知县时就有感于江西地区匪寇的猖狂和狡猾。王阳明当然不惧怕，他更不怀疑自己的能力，虽然他未曾带兵打过仗，但他多少是有点儿憋屈的：朝廷只是在没人愿意去剿匪，又无人可用之际，才想起我王阳明，这不是很伤人心吗？

此时的王阳明又确实有很多个人问题需要解决：自己悟道不久，还要仔细研究、推敲圣学；弟子们多处于入门期，正需要自己循循善诱；世人因为心学与传统理学冲突，多有怀疑诽谤，这些都需要自己花时间与精力去磨合。更何况在格竹之后，自己的身体底子变差，多年来也没养好，恐怕很难适应东南地区的山地环境。

现实如此复杂，机会又转瞬即逝，且匪情拖得越久，对国家和百姓的伤害就越大。到底要不要赴任？思来想去，王阳明压抑住心中的澎湃情绪，提起笔，写了一封《辞新任乞以旧职致仕疏》。

这是一封婉拒新任工作的信。在请辞信中，王阳明诚恳地讲述了自己不方便赴任的几个原因：从大义的角度讲，自己一介书生，没有带兵打仗的经验，"才本庸劣，性复迂疏"，恐怕不能担任巡抚这样掌握重要军权的官职，请朝廷另找贤能之人以免耽误战事；从孝悌的角度讲，自己的老祖母岑氏年已近百，日子是数着过的，祖母把自己照顾大，做孙子的又怎能不在她晚年之际回去侍奉膝下床前；从自身来讲，自己的身体一向虚弱，又经历过千里

大逃亡和龙场几年的摧残，现在人到中年，身体越发不如从前了，怎么想怎么都觉得担当不了这样的大任。

对王阳明的这个反应，朝廷大员们的反应很激烈，有人觉得"王阳明你这是给脸不要脸，装大，嘚瑟"，也有人觉得这种情况"虽然可以理解，但是贼情太严重了，王阳明你还是上吧"。因为在没有人能顶大梁的朝廷里，文官出身的王阳明仍是一根救命的稻草，已经握住的人便不愿意撒手了。

其实，王阳明还是愿意去的，因为个人安危从来不是他所关注的。也是在任命书下来这一年，退休回家的大学士李东阳去世，结束了他忍辱负重的一生，这给了王阳明很深的触动：一个人为国为民受点儿委屈算什么？更何况他王阳明要做圣人，"强者自渡，圣者渡人"是他的信条与使命。但是王阳明不停地向朝廷上书打太极，他要在这个过程中摸清朝廷的态度。果然，当朝廷表明"王守仁不许休致"后，王阳明认识到朝廷是真的在说："王阳明啊，放手去干吧，说你不行，你就不行，行也不行；说你行，你就行，不行也行。"于是他不再推辞，收拾行装，正式开始了自己的军旅生涯。

王阳明的官船入江西沿赣江南下，当到达南安府的万安县时，便遭遇了当地的一伙劫匪。这些人多打着赤膊，前排的人张牙舞爪地用方言吆喝着："喂，此江是我开，此路是我开，要想过此路，留下买命财。"后边的人则跟着帮腔喊号。

正当随行人员不知如何是好时，王阳明却哈哈一笑，小声向大家解释道："你看他们身上幼稚的文身，还有他们假装凶神恶煞的模样，手上也没什么像样的武器，不过就是一伙没有技术含量的劫匪，应该也不是什么恶民。"

在稳定了随从们的情绪后，王阳明当即命人将官船和附近的商船按大小编排成队，把旗子都展开，鸣锣鼓呐喊着向前。这一下可震住了那些劫匪，本以为是像以往的官商一样窝囊的过客，没想到却是有备而来的"大人物"，劫匪内部开始骚乱起来。

王阳明命人把船泊在岸边，面无惧色地对着那帮人喊："本官是新来的巡抚王守仁，我知道你们都是良家百姓，是身不由己才做了草寇的。但是，本

 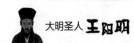

官既然来了，就一定会给你们一个安排，你们先回去，等待安抚，切不可再出来祸害社会。"

船队的气势，王阳明的气势，瓦解了这帮劫匪的气势，他们先是愣住了，相互私语了一阵后，把武器一扔，散了。

绝望中起来作乱的百姓，没有文化，也没有什么思考能力，只能抢一点儿是一点儿，饥一顿饱一顿地过日子，他们早已经习惯了这种日子，却不料突然半路杀出个王阳明。王阳明的话，他们愿意相信一次，冲着这整齐有序的排场，冲着他所散发的一腔正气。

官船上的人欢呼雀跃，他们折服于这位非武将出身的老大，他们折服于他那份从容、勇敢与睿智。王阳明却依然很淡定，因为他清楚，这只是牛刀小试，真正的硬茬还在后面。孬不孬，勇敢不勇敢，风险说了算，功绩说了算。

只要思想不滑坡，方法总比问题多

剿匪，王阳明来了。

然而，他的到来在当地官吏、军队、百姓与匪寇中并没有激起多大浪花，他们早已习惯了朝廷走马灯式地换官员来剿匪，更习惯了那些官员剿不了匪就拍屁股走人的"习俗"。

王阳明可没空计较这些，他已经全身心投入剿匪大计中。不过，他不是一上来就喊着要动兵，他很清楚，地方多年的山贼宿疾，一下子去除是不可能的。但这并不代表他可以耐着性子在这慢慢"抽丝"，他必须"快刀斩乱麻"。可要怎么斩？拿把大刀，大刀阔斧？是，也不是。如果不分好坏一刀切下去，那伤到其他"筋骨"怎么办？

在一切开始之前，王阳明先对所负责地区的匪情做了一次大摸底：当地山贼多少，主要力量有多少，盘踞在哪里；当地百姓有多少可以发展为剿匪力量，可以出多少人力，可以出多少财力；山贼蜗居的地方地形如何，该如何守，如何攻。王阳明算了一笔细细的账，在心里有数后，他开始了更深层次的思考与部署。

带兵打仗不是蛮干，每发一次号令都关乎人命；带兵打仗更不是放羊牧马，不是轰轰赶赶就能灭敌的。要灭敌，一定要谨慎，要灵活。

王阳明当然灵活，他从小读的就是《风后八阵兵法图》《孙子兵法》《六韬》《司马法》《孟德新书》，这些书没有一本是教人蛮干的。更重要的是，在王阳明的军事思想中，还有别人不曾有过的一条，那就是心战：此心不动即为术。这当然是他在心学中所悟出来的。

听起来有点儿邪乎，事实也很邪乎！

拆掉了思维里的墙，王阳明连续几个战术实践，让剿匪大业现出了曙光。

王阳明使用的战术狠招之一就是千古奇谋"保甲法"。

南方地区的匪，多是山贼，他们多是以山水为据点，仗着可攻可守的优越地理条件。而且多数人是入山则为寇，出山则为民，一般人对他们都是"傻傻分不清楚"，再加上对官府及朝廷的失望，或是因为裙带关系，老百姓的情感更倾向于山贼，更愿意给山贼通风报信，这无疑又提升了剿匪的难度系数。针对连官府的老吏都和山贼勾结的现象，王阳明果断执行"十家牌法"。

"十家牌法"的起源是"保甲法"。具体方法如下：在每户人家门前都悬挂一块木牌，上面清楚地登记着本户的姓名、人口数目、家庭人员、籍贯等基本情况，还要写清有没有暂住人口等情况。家家如此，再以每十家为一个单位，每十家也有一块木牌，上面标清这十家的户主情况，家庭其他成员情况。且这十户人家中，每天要轮流由其中一户执牌挨户察纠情况，一旦发现可疑人员或是可疑情况就要立即向官府报告，有藏匿、瞒报者，十家同罪处理。

这一招够狠，它利用了人性的优点，也利用了人性的弱点，牌法查实造册报官备用，又实行连坐，有力地杜绝了包庇闲杂人等的现象，断开了百姓

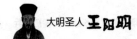

对山贼的粮食供给和信息传递。苍蝇不叮无缝的蛋，这下缝没了，苍蝇也相对老实多了。

王阳明的另一个战术狠招是培养自己能直接调遣的精锐民兵。

以江西、福建为例，这里的山贼常年作乱，当地的士兵缺乏战斗力，总想着依靠外援，也就是广西少数民族军队组成的"狼兵"。狼兵虽然勇猛善战，但是调动的日程太过长久，加上狼兵本身目标过于明显，往往官府这边还在调遣狼兵，那边山贼已经闻风做好了埋伏，在山里等着"瓮中捉鳖"，或是干脆逃到别的山头避风头去了。更糟糕的是，狼兵本身奸淫、烧杀、抢掠的破坏力远远高于当地匪徒。

请神不如自己造神。王阳明针对这一情况，在本土资源中选拔优秀者，集中强训，培养起自己的精锐部队，直接听从他指挥。这支民兵部队也是"出则为兵，入则为民"，经过一段时间的操练，民兵很快成为剿匪"神器"。

在大明东南山区，一身儒气的王阳明有条不紊地安排着军事工作：全面了解敌我情况，改革军队编制，提升民兵综合素质，清点队伍的衣甲、器械、辎重。随着民兵队伍战斗力的日益增强，越剿匪越多的时弊也有了很大改善。别人以为山穷水尽的剿匪路，王阳明却凭借自己强大的意志和能力再次证明了那句俗语——只要思想不滑坡，方法总比问题多！

对于王阳明的剿匪大业而言，军队有了，武器有了，训练有了，战术有了，指挥有了，上下同欲感也有了，胜利还会远吗？

此心不动，随机而动

了解内情的人知道王阳明是来剿匪的，不知道的人还真会误以为他是来宣讲心学的。

从龙场悟道到知行合一，王阳明一边念叨着"知是行的主意，行是知的功夫"，一边命令部队真枪实弹进行剿匪。他知道，没有实战，再充分的准备与部署都是零，再完美的想法都是空，再精妙的战术也不过是纸上谈兵。

明正德十二年（1517），是王阳明真正开始施展拳脚的一年，他在大明军事史上写下了浓重一笔。

年初，南方的天气还有一种刺骨般的寒冷，王阳明的军队已经出击打掉了盘踞在漳南的匪军，在长富村获得大胜，匪军被逼进了象湖山。这本是十分利于官方的战局，但战场的确太无常了，人算有时也难敌天算。就在莲花石与贼对垒的过程中，官方军队出现了战事失利。

胜败本是兵家常事，但是这一次小失利，又让官方军队中很多人的小心脏承受不住了。

最先打退堂鼓的是广东省的军队，他们又动了请"狼兵"的念头，甚至鼓吹秋后再战。而福建方面的军队倒是在先前的战斗中战出士气来了，主张一鼓作气追击匪寇。作为主帅，王阳明严厉地批评了广东军队的畏惧思想，也批评了福建军队的冒进思想。

既然都是错的，那什么是对的？

此心不动即为术。

王阳明决定给山贼们摆一道迷魂阵。说是迷魂阵，其实是将计就计，打的仍是心战。王阳明传令：罢兵，不打了！要春种了，士兵们要回家种地去了，不跟你匪军在这儿耗着了。光种地还不行，士兵们还得夏天浇灌，伺候庄稼，到了秋天还得秋收呢。等秋收完了，把庄稼收了，有粮食了，有钱了，充作军费，再来会会这帮土匪，反正剿匪是一项长期工程。

听到这个消息，象湖山据点就炸开了，有人说："怎么可能！这位王巡抚该不是又动什么花花肠子吧？他准备了那么久，怎么可能一次失败就罢兵种地了？骗小娃娃的吧。"也有人说："怎么就不可能？官兵也是人，更何况王阳明的精兵本就来自民间，当然也要种地。不但他们要种地，咱们也得种点儿蔬菜、水果什么的，现在风声这么紧，也不能光靠抢，也要适当自给自足啊。"

多疑的山大王派出很多探子下山打探，结果这些人都乐颠颠地跑回来。王阳明罢兵了！象湖山里的贼众幸福地摆了几天酒宴庆祝，巡山的人数和次数也减少了很多。

王阳明平静地坐在高堂上，听着下面人争吵。半天，他才淡淡地一笑："我就那么一说，你们还真信啊。休养生息总是要的，但绝对不是在这个节骨眼上。传令下去，所有人都不能走远，也不能真的放下武器，平日勤加操练，随时待命。另外，若有泄密者，重罚。"

泄密？谁还敢泄密？十家牌法，小木牌挂在门前，每天都有人像大眼贼一样盯着看谁像坏人，谁像黑户，只要你是贼，就算你是我妹夫的亲丈人，或是我儿子的亲大伯，我也不敢传一点儿消息给你，那可是要连坐的。

根据探子们一天天的回报，王阳明得到了让他满意的答案：山上的人彻底放松警惕了。

宁静中，山雨还是来了。

一个再平常不过的日子，王阳明借着护送官员的名义，率领兵将对象湖山的贼众来了个突然袭击，这一击对于纪律松散、戒备心低的山贼来说是致命的。但收拾起来也没有那么简单，这一场血战打了几个时辰，最终以官方胜利告终。

战后，王阳明第一时间安排军队大力清剿边界的余匪，又经过了箭灌之战，整个"漳南战役"完美落下帷幕。

至此，在漳南动乱数十年的匪寇问题算是平息了。借着这股势头，横水、桶冈战役又取得了标志性的胜利。一年多的时间里，王阳明像老鹰一样，敏锐、迅速又睿智地把窝在山里的贼众都捉了出来。那些平日里了不起的山大王们，此刻都成为蔫了的山鸡，扑腾几下之后都乖乖地认输了，跟在山大王后面狐假虎威的小喽啰们也都服服帖帖地回家当良民去了。

山贼这边的葫芦和瓢按下去了，王阳明又有了新的担忧：百足之虫仍死而未僵，民风不好、良知泯灭也是当地山贼问题的根源之一，这却不是武力能解决的。在平定动乱之后，王阳明开始侧重对居民的安抚，他要求百姓不管之前是贼是民，以后都要讲良心，做良民，可以合法赠予、买卖，却不能以伤害与杀害的途径掠夺他人财产。他更号召大家互帮互助，相亲相爱。

同时，王阳明三令五申要提升军队风纪，在军队里一刻，就要有个当兵的样子，不能吊儿郎当；拿起武器就要像个战士，要统一思想，不能开小差。当然，官府也会尽量提高军费，让士兵们没有后顾之忧，绝不允许像"狼兵"一样祸害百姓。另外，该奖的奖，该罚的罚，绝不会因为谁的三亲六眷是什么重要人物就特殊对待。

王阳明的这几剂良知"猛药"对"治疗"当地多年的各种顽疾、宿疾都起了很大的作用，犹如春雨滋润了久旱的土地，为人间带来重生的气息。但是，形势虽然大好了，剿匪却尚未成功，王阳明仍需努力，因为在他面前，还有一个更为强大的对手——山大王池仲容。

被"三振出局"的山大王

广东和平县的浰头山头，虎皮椅上那个一脸络腮胡子的男人如坐针毡，他就是名头响当当的山大王池仲容。

作为东南地区山大王当中的"战斗机"，池仲容的根据地占据了"一夫当关，万夫莫开"的有利地形，手下更有着一支颇有战斗力的队伍。只是池仲容已明显感觉到，他的这些优势已经变得不那么优越了，他的主动权正在渐渐丧失。这突如其来的变化都因为那个剿匪巡抚王阳明。

王阳明以迅雷不及掩耳之势端了东南地区的很多贼窝，他还软硬兼施，光凭着招安书就搞定了很多山大王，其中就包括池仲容的死对头，另一位老牌山大王——卢珂。

面对王阳明一封封如雪片般飞来的招安书，池仲容嘴上虽说"不为五斗米而折腰，不自由，毋宁死"，心里却是七上八下。他在自己的智商范围内搜索出一条妙计：诈降。

诈降，还不是自己诈降，是派别人先诈降。为了更好地掌控官方的军事情报与政策，池仲容安排自己的心腹部下黄金巢和亲弟弟池仲安先去投降。

 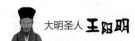

想象是美好的，现实却越来越不受他的控制，他怎么也没想到部下和弟弟送来的劝降书会一封接着一封。他们夸王阳明厚道，还劝池仲容早日"放下屠刀"。

而此时，在王阳明的公堂上，正上演着惊心的一幕。

已经投诚的卢珂突然闯上堂来，扯着嗓子向王阳明报告："王大人啊，我派人详细打探过了，那池大胡子嘴上虽说是要来投诚，山里却仍架着枪炮、滚石，他的手下也从来没停止过军事演习，他之前和您说的'考虑''需要时间'明显是缓兵之计啊。那小子没安好心，请大人一定要派人做掉他。"

卢珂这样大闹，急坏了在堂上陪坐的池仲安，他已经吓出了一身冷汗："大哥的计谋到底是被揭穿了，早就劝他他不听，这下王大人要是发令，还不端了山头。"池仲安一面擦汗，一面用眼睛紧紧盯着王阳明。

王阳明生气了，却不是对池家人，而是对卢珂。他一拍桌案，吼道："池先生若有欺骗之心，又怎么会安排亲弟弟来投诚？他只是需要时间打理一下山上的事务，本官绝对相信他的诚意。倒是你卢珂，早就听说你与池先生不和，如今你在堂上胡言乱语，莫不是为了挑拨离间、公报私仇？你又安的什么心！来人啊，打完押到大牢去听候发落。"

卢珂挨板子的惊心画面让一旁的池仲安久久不能平静，一回到自己的住处，他就派人快马加鞭给池仲容送信，汇报了当天的情况，也说出王阳明要休兵的打算。他还不忘规劝大哥："别太放肆，没什么用，早点儿来投降吧。"

这封信让池仲容的内心再次骚动起来。作为一个混得风光体面的山大王，最初上山是迫于生存压力，可是多年过去，他已经习惯了这种不劳而获的生活，接受朝廷招安，就意味着要受管制。眼下这个王阳明的底细如何？或许他是清白的好官，可谁又能保证下次来的张巡抚、李巡抚不是像以前一样的"坏官"呢？这样的年代，皇帝都是一个比一个不靠谱，老百姓还有什么希望可以真心寄托的呢？池仲容想着，他的手下和弟弟都是些小角色，朝廷自然会招安，可是自己多年来手上沾满了血腥，身上也有好多大案，如果自己归顺了，是不是真能有个善终？望着外面的月亮，池仲容感慨万分。

夜深了，养在山里的牲口也都睡下了，偶尔有几声犬吠在山谷里回荡，年关将近，山里越发寒凉了。

也是这个晚上，被五花大绑的卢珂在大牢里泪流满面，不是因为委屈，而是因为激动和感动。原来王阳明来看他了，虽然是趁着夜色，虽然是偷偷摸摸，却亲切而诚恳。王大人搭着卢珂的肩膀，对他说辛苦，并告诉他白天的一切不过是一场苦肉计，是演给在场的人看，给山中的人看的。

听完了王阳明交代的擒贼计划，卢珂哽咽了。是啊，他与那池大胡子本就是"你若安好，我便晴天霹雳"的关系，现在可以借着官方之手，打掉这样一个"情敌式"的人物，还能立功，自己受点儿委屈又算得了什么呢？卢珂当即打包票："一百个一千个乐意当黄盖，而且绝不穿帮。"

其实，对池仲容，王阳明原本也是一心盼着他归降的，但是现实又让他不得不"一颗红心，两手准备"。

夜，这回真的是静悄悄了，舞台的序幕再度拉开。

之后的几天，王阳明不但派人专程带厚礼上山慰问池仲容，还派他的弟弟回去接他下山过团圆年。

有了池仲安"座边风"一样的搅和，池仲容有了会会王阳明的想法。带了几十个精干的壮汉，池仲容决定下山走一遭。

说是投诚，池仲容却先去了街市、校场、监狱，当看到百姓都在准备过年，校场冷清，无军队操练，卢珂也像困兽一样被囚在狱中，他才安心地来见王阳明。接下来的日子，王阳明好吃好喝款待池仲容，给他讲良知，还耐心地教他礼节。但接触得越久，王阳明越发现池仲容的心机与杀气都太重，是"不可教之人"。

既然你池仲容如此不可理喻，那就休怪本官了。

新年伊始，王阳明像往常一样盛情邀请池仲容和他手下干将聚餐，而此时的池仲容早已放松了警惕，还想着吃饱喝足了早日溜回山上当霸王，他根本意识不到自己赴的是"鸿门宴"。当池仲容像螃蟹一样出现在宴会上时，祥符宫大门立即关闭，埋伏多时的一众杀手迅速出击，一片刀光剑影，池仲容和他的一帮手下成了亡魂。

可怜池仲容，自以为是个不错的演员，想做戏给王阳明看，却在王阳明导演并主演的戏中没有一点儿反抗能力就被杀了。真是应了那句话：假作真时真亦假。或许，人生本就是一场真假难辨的戏吧。

同时，在山里，卢珂和其他官兵也大举进军涮头，彻底清剿了山中藏匿的余匪。至此，南赣、汀、漳等地贼寇中最大最强势的一块硬骨头被啃下了。

明正德十三年（1518），王阳明圆满地完成了自己的剿匪任务，哼着余姚小曲，给朝廷上书汇报自己的工作细节和对当地的战后安排事宜。

时年四十七岁的王阳明为自己的圣人人生又添上了浓墨重彩的一笔。只是山中的贼破了，心中的贼何时能破呢？未来又当如何？王阳明多想"他日巾车还旧隐，应怀兹土复乡闾"。可是，前路真的有那样美好吗？

第九章　我和反王有个"约会"

朱宸濠可不是野猪皮

朱元璋在世期间，皇权握得太紧，儿子们都像小耗子看着老猫一样没有大动静。等朱老爷子一归西，朱棣这只大尾巴狼开始还装疯当了一阵小白兔，到了第二年，他便不再惯着小皇侄朱允炆，起兵造反。在这敏感时期，朱允炆当然不希望他拥兵自重的十七叔朱权倒向四叔朱棣，于是召朱权到当时的帝都南京。可惜没有了老子的威慑，朱权也不吃小侄子这一套，他不肯奉诏，持观望态度。

就在朱允炆还在为如何处理十七叔这股势力而犹豫不决时，朱棣已经出招拿下了朱权这块"香饽饽"。当时，朱棣在发兵南京的过程中，借着"兄弟叙旧"的由头见了朱权，并在朱权出城相送时，以其自身和全家的性命做威胁，下了朱权的兵权，迫使朱权成为他的"同党"。

有了朱权的精兵，朱棣如虎添翼，加快了夺权称帝的脚步。朱权无奈，也只好苦等着四哥称帝之时能兑现与自己平分天下的诺言。

然而，黄袍一加身，朱棣的脸立刻就变了，也不再是"老十七长老十七短了"，而是认定"人告权巫蛊诽谤事"，派人"密探无验"，又"念着兄弟情面"才让这件事罢了休。至于朱权再提什么当年之约，朱棣干脆都不予理睬。

对于朱权在南昌建造的道观和陵墓，朱棣倒是乐得赐了个"南极长生宫"，他巴不得十七弟成为方外之人。

虽然多才多艺的朱权成了道教学者、戏曲理论家、剧作家，还制出"明代第一琴"，但是他憋屈啊，有口气一直咽不下：自己堂堂一个王爷，正儿八经的龙子，也曾英姿飒爽，却让朱棣这小子给利用了，跟他背上了篡位的骂名不说，还什么实际好处都没得到。朱权越想越憋屈，最后在抑郁中死去了。

从朱权起，这"宁王"一支血脉就和朝廷结下了梁子。

朱权的后代们，有不听朝廷话的，有蓄谋造反的，这些不满情绪与阴谋终于在朱宸濠时期达到了顶峰。撇开前人恩怨不说，朱宸濠本人也不是省油的灯，换句话说，他是个阴谋家、野心家，特别是在朱厚照登基之后，他谋反的意志便更加坚定。朱宸濠是将谋反作为毕生大事业来做的。

一方面，朱宸濠努力巴结朝中强势人物，努力让自己在朝中有人。朱宸濠还很会讨好朱厚照本人，送了很多奇珍异宝不说，还投其所好，顺着朱厚照的爱玩本性。朱宸濠知道朱厚照喜欢在宫中张灯并以此为乐，就专程进献了上百只各种花样的灯。明正德九年（1514）正月，当这些灯点燃，"不小心"烧光了乾清宫时，朱厚照居然像周幽王"烽火戏诸侯"一样开心。

朱宸濠还想了一条"绝世好计"：钻龙脉的空子。朱厚照长期荒淫无度，却没个一儿半女，朱宸濠花钱请求皇帝的亲信们说服皇帝收自己的儿子做儿子，这样自己就有可能成为未来皇帝的亲爹。这个想法虽好，却没能实现，因为它伤到了朱厚照敏感的男人自尊，朱厚照认为：我一定能生。

另一方面，朱宸濠自己也在长期招兵买马、操练军队，他还勾结山贼和一些江湖中的歪门邪道之士，这都给当地百姓带来了极大的经济压力和生活压力。

与此同时，朱宸濠以毒辣手段排斥异己。这位王爷有个特点就是有仇必重报，不拖泥带水。他曾将官员周仪一家六十口灭门，为了赶走监视自己的巡抚孙燧还买通朝廷官员对其上下其手。

当时，朱宸濠正紧锣密鼓筹备着自己的大事，造反"大业"本就是不省心的事，可偏偏那个叫孙燧的小子总是三天两头地向朝廷揭发他。虽然孙燧的那些举报信多被宁王在朝中的关系给拦下来，但朱宸濠怎么看这个孙燧都像一块狗皮膏药。

为此，整个宁王集团对孙燧都没少费心，拉拢也拉拢过，暗杀也暗杀过，偏偏这姓孙的就是皮糙肉厚人顽固，油盐不进，软硬不吃。一次，朱宸濠干脆派人送了枣梨姜芥四样果品到孙燧府上，警告孙燧"早日离开江西疆界"。

孙燧自是不肯走的，当然，宁王也没有因此停止或者放缓自己"事业"的步伐。

多年来，朱宸濠在江西南昌高筑墙，广积粮，为的就是耍流氓。但是，机会来了，他能抓得住吗？

由"打酱油的"变成"举义兵"

朱厚照和天下糊涂人给了朱宸濠一个机会，但是王阳明没有。

明正德十四年（1519）六月，在兵部尚书王琼的再次关照下，王阳明奉命去福州勘处福建叛军。因为任务突然，他只带了妻子诸氏、养子王正宪、谋士雷济，还有一个侍从，就出发了。

行到江西丰城，王阳明被丰城县令顾佖拦住了去路，顾佖眼含着热泪拉着他的手臂说："王大人啊，宁王在南昌城内公然造反了，江西的多个地区和官员都已被他控制，现在形势很危险，您可别去找死啊！您这么厉害，能不能想想办法救救江西，救救大明？"

原来，这一年多来，王阳明虽然也多在江西，却一直忙着在山中抓贼，没空理会外面的世界。宁王动静闹得那么大，王阳明刚到江西时就听到了风声，但是他想着造反这种事应该不会急在一时半会儿，所以，在没有真凭实据的情况下，他决定还是先处理自己的剿匪要务。当他从山中的事务中出来，才发现原来江西真的变天了，南昌城可谓"满城尽带黄金甲"。

宁王那么多年都忍了，却为什么这么着急就公然反了呢？

原来，朱宸濠谋反的事情一直在进行着，于地方高调，于全国却还算是低调。只是一个当事人无心点燃了它的导火索，这个人就是当朝皇帝朱厚照。

朱厚照没什么政治心眼，但是总有那么一拨人整天围着他"宁王贤德，宁王好"的，他有点儿不乐意了："好啊你们，都说宁王好，那我倒是要问问，百官好可以往上升，这王爷好要往哪升啊，要我让贤吗？既然你们都喜欢宁王，那你们都和宁王玩去吧！你们全家都和宁王玩去吧！"皇帝虽然发了飙，但他偏又是个重感情的人，念及亲情、念及朱宸濠多年来对自己的"孝敬"，他让驸马都尉崔元带人去江西批评教育一下朱宸濠：收其护卫，令其归还所夺官民田。

皇帝的本意只是给朱宸濠个下马威，可是朱宸濠做贼心虚，他认为这么不负责任的皇帝都重视了，一定是自己的大计被识破了。既然早晚都要反，不如借此放手一搏吧！成了可以像成祖朱棣一样名垂千古，败了也算因清昏君而载入史册。打着如意算盘，做着春秋大梦，朱宸濠扯大旗公开造反了。

六月十三日这一天，朱宸濠以庆贺自己生日为由，把当地的官员都"请"到宁王府邸。礼物收完，院门一关，朱宸濠开始了誓师演讲："当今皇帝昏庸无道，不理朝政，据查他并不是先帝亲生的，我奉太后密旨入朝监国，有不听号令者，杀无赦。"

六月十四日，孙燧带着三司的官员，来向朱宸濠兴师问罪。孙燧大喊着要密旨，说宁王是公然造反，还骂他大逆不道，这让朱宸濠很没面子。骂到义愤填膺处，孙燧潸然泪下，"想我孙燧多次上书言明此事，却仍然没能阻止这个结果的到来，是我没用啊。今日我宁愿为国捐躯，也不与你这厮同流合污"。

朱宸濠本就恨孙燧恨得牙根痒痒，此时正好借此杀鸡儆猴，他冷冷地说了一个"杀"字，孙燧瞬间人头落地，热腾腾的鲜血浸染了宁王府地面的青砖。在场再有多言者要么被杀头，要么被下狱，而更多的官员选择了沉默……

接下来，朱宸濠派亲信收了江西多地政府的官权和兵权，并开始就近逐

个攻城，不但如此，他还在当地废除了"正德"年号。

一把阴森的大刀正刺向大明的脊背，历史即将何去何从无人知晓。就在这个关键时刻，王阳明空降了。

这是远在北京城外的王琼刻意安排的一次空降，宁王的纸也是不能包住火的，王琼就是很早开始担心这火势的人，可是朝廷不发话，他对藩王势力根本无能为力。王琼让王阳明"顺路"经过宁王地盘，是高瞻远瞩的军事投保。剿匪成功之后，他更加坚信这个王阳明对宁王也会有杀伤力。

很显然，这一切王阳明并不知情，要不然他也不会只身带着妻小就来探虎穴了。

摆在王阳明面前的首先是一个选择：是偷偷绕路离开，还是管一管这桩"闲事"。在宁王的地盘上，一个大活人偷溜也是不容易的，宁王的心态和当年的刘瑾是一样的：要么是我的朋友，要么是我的敌人，顺我者生，逆我者亡！因此，宁王给当地官员的选择也不多：要么，助宁王反了，保全一时富贵荣华，未来看运气；要么，任宁王高压不吱声，也不反抗，默默地顺从，至少能苟且偷生一段时间；要么，本着宁死不屈的精神，骂宁王，骂宁王全家，虽然沦为阶下囚或者刀下鬼，却也称得上豪杰。这些与其说是"选择"，不如说是"抉择"，因为每一条都是不归路。

事实上，这个选择王阳明早已经决绝地做出了。

在王阳明剿匪之时，朱宸濠就曾派他最亲近的幕僚刘养正和李士实去做说客，虽然他们没挑明要造反，却表示真心希望王阳明可以"为宁王效力"，并许他无量的前途。宁王集团中最受重用的两位军师亲自恭请，可见宁王给足了王阳明面子，也是热烈欢迎王阳明的到来。不过，对于宁王的这番苦心，王阳明并未领情。

那时，他正对着山中的地图苦思冥想，忙着排兵布阵，他不但严词拒绝了两位"王爷命官"的挖墙脚行为，还信誓旦旦地表示：我们都是为朝廷效力，怎么能说是为哪位王爷效力呢？随即，他又补充道：自己对不仁不义、不忠不孝的行为不感兴趣，也奉劝二位好自为之。

可怜刘养正和李士实，有能力教唆宁王造反，却在王阳明那里连杯热茶都没喝好，就灰头土脸地回去复命了，他们当然也没少渲染王阳明的嚣张。

当时王阳明是那样表态的，现在他也不后悔自己的决定。他的选择是：和宁王死磕！作为朝廷官员，拿国家俸禄，就要为国解忧，为民造福，他不能置江西百姓于不顾。作为一个多年的朝圣者，圣人的志向和心中的良知都不允许他袖手旁观。虽然王阳明的学术主张中也有教育大家要顺其自然、量力而行的内容，可是为了心中良知，为了大义，该出头的时候还是要出头。

虽然自己没有一兵一卒，要对抗宁王的十万大军，无异于以卵击石，赢的概率几乎为负。可是王阳明丝毫不畏惧：这复杂的形势虽然艰难，却不过是表象罢了，自己心中的理才最重要。若能攻克眼前的难关，在实事中去磨砺、去见证理，这不正是知行合一的体现吗？

是的，一切战争不过是心战的继续。

王阳明决定先去庐陵县，那里有他正直英勇的老部下伍文定，也有一小部分军事力量，那里可以举义兵。

不过，在为江西百姓和大明江山找到出路之前，王阳明先要给自己找一条活着到达庐陵县的出路。

那年赣江止水人

宁王抓狂了，在他听到眼线回来报告"王阳明没有往南昌城方向来"时，他彻底明白了这个会打仗的人是真的不会为自己所用了。半晌，他的眼皮、心脏都狂跳不止。

"本王得不到的东西，本王宁可毁掉他，也不让其他人得到。"这就是变态者的思维，也是野心家的逻辑。

宁王要杀掉王阳明。暗杀明杀都无所谓，杀死才是硬道理。

赣江，江西省最大的河流，长江下游最重要的支流之一，是王阳明去庐陵的必经之路。逆风而行的小船载着王阳明几人艰难地前行，后面是朱宸濠的上千追兵，情况十分危急。

船舱内，诸氏几次欲开口，又闭上，最后她实在忍不住，对闭目静坐的王阳明说："大人，你们快走吧，不要管我们母子了。"

王阳明的眼皮微动了一下，他在听，却没有说话。

诸氏继续说道："夫君，您这不是丢下我们母子。小女子的命古来就不值钱，能侍奉您这些年我已经很满足了，如果能为丈夫和国家奉献那是我的荣耀。这孩子，能跟着我们一日也是缘分，今日若是他的劫难，那也是宿命。夫君您也不是偷生，您有更重要的事去做，平息宁王叛乱还要靠您出力啊！"

王阳明缓缓睁开眼睛，他吃惊地看着自己的妻子，这才想起自己已经多年没有好好看过她了，眼前的她已经不是当年那个因为自己逃婚而哭得梨花带雨的小姑娘了。此时，诸氏正紧紧搂着焦虑又恐惧的养子王正宪，她自己的身体也在不受控制地战栗着。远处的刀光太晃眼了，它对妇女和孩子有一种强大的震慑力。但是，诸氏对王阳明说这番话时的眼神是坚定的。

多年来，王阳明只当妻子是个再普通不过的女人，却不承想她这样有气节。

有那么一刻，王阳明多少有点儿英雄气短的怅然：自己口口声声说要做圣人，生死攸关的时刻，却连自己的妻子孩子都保护不了……命运竟是如此弄人。这样想着，他忍住了眼泪，起身拉起妻子和儿子的手，轻轻地说了句："现在还不至于。"

就在这时，船家闯了进来，他的眉毛都快要拧到了一起，朝着王阳明吼道："你是最大的官吧，我不渡你们了，钱也退给你们。你看岸上那么多人，马上就要上大船了，他们可都是带着真家伙来杀你们的。这会儿也别怪我贪生怕死，要死你们全家死一处。我还上有老下有小呢，不和你们蹚这浑水。我不渡你们了。"

船家这一闹，雷济等人赶紧进来和他讲大道理。可是看得出，船家很害怕，他握桨的手抖着，甚至下了"死都不再开船"的决心。

 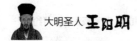

就在这混乱的僵持中，王阳明更加清醒了，他一手挡住养子王正宪的眼睛，一手拔出佩剑，瞬间削去了船家的两只耳朵。同时，他给船家一个选择："都是一条绳上的蚂蚱了，是死在我的剑下，还是死在追兵的乱刃下？"

突如其来的两剑，让船上的人都惊呆了。船家更是一下子就蒙了，他怎么也想不到眼前这位看起来文质彬彬又弱不禁风的官老爷，竟是这样的狠角色。他本能地退后几步，生怕接下来剑不长眼。可是又能怎么样呢？好汉不吃眼前亏，还是开船吧，开快点儿不被追上还可能保住这条命。

船虽然开了，却拗不过这逆着的风向，再资深的船家也无能为力。

王阳明对天祈祷："若是天要亡我、亡我大明，我也无法。若还有回旋余地，若还体恤苍生，就请赐北风吧。"说来也怪，王阳明这样叨咕了几句，居然真的吹起了北风。

船有了速度，却因为船小人多，行驶得并不快。船上的谋士雷济眼尖，发现前方不远处出现了一条小渔船，他示意船家把船开到隐蔽处，并招来了渔船。雷济看着王阳明，王阳明知道，雷谋士这是告诉自己到了必须做决断的时候了：生机就只有这一线。

王阳明还在沉默着，一旁的侍从已经脱下了自己的衣服，他对王阳明说："大人，刚才我们和雷先生都商量过了，如果能再有一条船，我就和您换装，然后乘船引开追兵，您乘另一条船去庐陵。"

见王阳明有些责备地看着雷济，侍从跪了下来："大人，这是我心甘情愿的，如果我的命能为您争取到拯救咱们大明王朝的时间，小人万死不辞啊！"

这时，诸氏也拉着王正宪哭着对王阳明说："夫君，渔船那么小，带上我们母子会影响行驶，咱们夫妇就在这里诀别吧。宪儿，快给爹爹叩头……也和雷先生说再见。"

泪，顺着王阳明的脸颊如泉涌般流了下来："就这样吧。我王阳明唯有早日还正义于天下，才能对得起你们。"

王阳明默默地脱下了自己的官服，换上了侍从的衣服，作别夫人和儿子，乘渔船借着芦苇、藕花、小岛这些保护屏障向庐陵方向赶去。

杀手们追上诸夫人所在的船只，他们失望地发现那个穿着官服的并不是王阳明本人。以杀手的职业习惯，若像往常一样手起刀落，一船人的血就会浸染附近的水域。但是，一个杀手突然对提刀准备下手的另一个杀手说："你杀这些人有什么用？还不赶快去追王阳明，现在顺风，耽误一下他就能跑很远了。"或许是手上不想再沾太多无辜的鲜血，或许真的是追王阳明要紧，因这一句话，一船人奇迹般地生还了。

赣江水平静地流淌着，江上的人心却是波涛汹涌，有要置人于死地的，有要为夫殉情的，也有要救国的……在这些人心与人心的对峙中，最终良知赢了。

逼对手使出下下策

虽然论智商、情商与文化素养，宁王朱宸濠的确难望王阳明项背，但他还是轻轻松松就逼得王阳明在赣江丢下了自己的妻子孩子，甚至连官服都脱了。看来，一个过路的光杆司令，想要在别人的地盘上消灭人家的十万大军，还真是天方夜谭。

可是，别人或许不行，却不代表王阳明不行。虽然那么多重要的东西都不在了，但至少他还有一颗心。他的心，可以将整个宇宙装下，他早已把自己的心当成整个宇宙，又怎么会怕宁王区区十万大军？他需要的，不过是方法和时间而已。

置身小渔船上，王阳明和雷济都明白，他们的命早已不是自己的了，他们要承担的太多，他们也必须尽快承担起来。经分析，二人总结宁王造反集团有两个优势：第一，若宁王直取北京，出其不意，从豹房里拉出皇上"挟天子以令诸侯"，就可以拥有实质性的霸王权力；第二，若宁王直取南京，北方军队远水不能救近火，宁王就可以做个"南皇帝"，与北边共分天下。

这真可以说是宁王朱宸濠两条理想的称帝大道啊！每一条道，都让此刻

的王阳明、雷济打寒噤。

但是，这只是王阳明单方面的分析，当事人似乎不这么想，他要"另辟蹊径"——死守南昌。他要在南昌城内等待、观望，再做行动。虽然死守南昌无异于是给朝廷正规军集结的机会，是在自己挖坑等人活埋，但千金难买宁王乐意。

就在王阳明和雷济为宁王的称帝优势而忧心忡忡时，转机出现了。可以说，这个转机简直就是上天赐予的：小渔船邂逅了一艘大船。经打听，大船上竟有李士实的家人。李士实何许人也？朱宸濠的心腹也。这下，王阳明与雷济心花怒放，二人毫不犹豫地上了大船。当然，他们隐藏了自己的真实身份。

在靠岸休息时，王阳明让雷济就近找了些戏子，和他们签下生死状，并承诺："演好这出戏，你们会得到很多钱，你们的家人会过上好日子。但是演戏有风险，很可能是拿生命去打狗，有去无回。一旦你们出了意外，本官也会善待你们的家人，给他们以烈士家属的待遇。"诱惑是有，但不强求，愿者上钩。

金钱的力量果然是强大的，特别是在一个闹钱荒的时代。很快，王阳明面前就站了一支"戏子敢死队"。他集中对这些戏子讲述了"剧本"和被抓后的"台词"，然后给这些戏子换了寻常百姓的衣服。

再行船时，王阳明带着雷济一起将一些信件缝到几位"百姓"的衣服里，缝的时候他还故意半遮掩地交代："我就是乔装打扮的朝廷命官，是朝廷专门派来平定宁王叛乱的，现在几十万大军就在后头，给你们的这些信关系着能否抓到宁王反贼，关系着朝廷安危，你们一定要安全送到，被人发现是会掉脑袋的。"

突然，王阳明一转身，发现了不远处探头探脑的李家人。他当即命令船家停船靠岸，一副要杀李家人灭口的架势，把同船的小孩子吓得哇哇直哭。

剑举到半空中，王阳明突然又扔在地上，他不无怜悯地讲道："唉，朱宸濠造反是自作孽，自有天诛，与你等无关。本官有好生之德，今日放了你们，只不过你们可要当今天什么事也没发生过，否则有你们好看。""当然了，王大人，我们什么也没看见。"李家人下跪保证。

不久，这些"信使"就被捆绑到了宁王府，从"信使"身上搜出的信件震惊了整个宁王府：朝廷几十万大军不日将入境江西平定反王。

不只如此，在"信使"身上的隐秘处，宁王下属还搜出了一封"国师"刘养正与"太师"李士实私通朝廷的信件。信上的内容十分生猛：官方表扬了刘、李二人的内应行为，许诺给他们官职，并提到"刘先生，你不是喜欢朱宸濠的土地吗？事成之后你可以在上面建全国最大的道观；李先生，你不是喜欢朱宸濠的女人吗？事成之后可挑其中美色者给你做妾"。

"这明显是一封离间信！"

李士实、刘养正趴在地上一面辩解，一面流着泪表达多年来对"主上"的忠心。

朱宸濠的脸青一阵儿白一阵儿，他在深思："这两人倒是没可能背叛我，刘养正早些年就说我有帝王气，我能走到今天还多亏这二位的帮助。可是人心隔肚皮啊，他们能为了富贵跟着我造反，谁能保证他们不会为了富贵而出卖我呢？我还是先观察一阵子吧。"嘴上说着不介意，朱宸濠心里却有了自己的小九九，那就是：先在南昌城按兵不动，观察一小段时间再说。

而王阳明所要争取的，不只是这"一小段时间"的战机，而是几个这样的"一小段时间"。

最了解你的人往往不是你的朋友，而是你的敌人。王阳明虽还不足以了解朱宸濠的具体性格，但是他了解人的心理，这才让他能够蛇打七寸。不怕你不信，就怕你不疑。

从六月十八日王阳明到达庐陵之后，朱宸濠每天收到手下的探子与高手们劫下的"密信"不计其数：有兵部的、邻近省份官员的、江西官员的、宁王手下的，也有王阳明的。这些信件有的说"朝廷早有准备，现已派几十万大军前去讨伐宁王"；有的说"王大人，我们的兵已经到了，即日就将支援你决战宁王"；也有的说"王大人，我们会在××天同你们里应外合，为擒反

贼立功"……信件多得似雪花，来来往往，关系复杂，真假难辨。也没有更好的办法，朱宸濠只好龟缩在南昌城内，天天派人去打听王阳明方面的动静。

在又一段时间的吃不好睡不好，马上就要精神崩溃之际，朱宸濠终于调查清楚王阳明是在虚张声势，扮猪吃老虎……羞愧、嫉妒、仇恨，百味一时涌上心头，朱宸濠恨不得一刀杀了王阳明。只是此时的王阳明虽然仍不足以与宁王抗衡，但他却不再是朱宸濠可以轻易踩死的一只蚂蚁，他在使这个迷魂计期间快速成长为一只"马蜂"——哪怕与敌人同归于尽，也要给对方有力回击。

可怜宁王，处心积虑地准备了多年，想学朱棣成帝王业，却不学朱棣用脑子，本就是名不正言不顺又没有群众根基，在挑明后还没心没肺、没时没晌地跟人耗着，就这样错过了最佳战机。

就是要化腐朽为神奇

谁都清楚，光靠写假密信麻痹敌人只能起一时之效，想要平定宁王叛乱，与宁王军队正面交战，以暴制暴是必经之路。

可是，王阳明面对的是知行很难合一的考验：没有兵。

王阳明虽然争取到了一点儿有利的作战时间，却没能聚集到什么靠谱的武装力量。他给朝廷上书请求支援，也给广东、福建的军队写过求救信、号召信，甚至"不顾九族祸"假传圣旨四处调兵。可是时间在一点一滴地流逝，朝廷没反馈，邻省军队也没有反馈，好像宁王叛乱不是什么国难，跟他们一点儿关系也没有。

没有兵，难道要自己对宁王军队进行心学演讲，讲讲良知理论，让对方撤掉十万大军吗？简直是无稽之谈。

没有支援，王阳明只好自己创建军事队伍。不过，那真是一支让人不忍直视的队伍：一些在江西的退休干部、养病官员、革职官员，还有王阳明在江西剿匪时的老部下组成了领导班子；至于士兵，则是由当地百姓和伍文定的军队集结而成，质量也是良莠不齐，还多是些老弱病残。一方是王阳明临时组成的草台班子，一方是朱宸濠的十万大军，胜负似乎仍然没有悬念，但王阳明已经没有退路了。

在用迷魂阵牵制了朱宸濠半个月之后，王阳明收到了一个不幸的消息：朱宸濠决定发兵南京举行登基大典，再到北京收拾朱厚照。不过在那之前，朱宸濠要先吃掉一块肥肉——安庆。

消息传来，人们都很惶恐，很不安，王阳明却没有动，他在等。

七月十五日，王阳明到达临江府的樟树镇，与临江、袁州、赣州、瑞州、抚州及浙江来的一小部分援军会合，军力才略有增强。就在大家磨刀霍霍，准备去安庆和宁王硬干一场时，以王阳明为首的军事高层却在丰城做出了一个奇怪的号令——全力攻打南昌。

"南昌，那是朱宸濠的老巢啊！他的辎重和多年家底都在那里，宁王又怎么可能不派精兵留守？这样的城，就算我们乘虚而入，也没有必胜的把握吧。"面对众人的质疑，王阳明只是微微一笑。这些天来，他放了太多的烟幕弹，真真假假，不但把宁王集团蒙得不轻，就连自己人也摸不着头脑。

王阳明要攻打南昌了，这一次是真的。先攻南昌，他有自己的打算。自己的军队虽然质量不济，到底是正义之师，底气要足些；加上整合之后，融入了不少先前随他在南赣剿过匪的势力，这些人干劲正足，合作起来也比较默契和愉快。

决定攻城时，王阳明手下已经有了一批拿得出手的将领，伍文定、邢珣、徐琏、戴德孺、胡尧元、童琦等人分攻南昌七门，才尽其用，合理安排。相比之下，南昌的守将简直弱爆了：留守南昌的主将是宜春王朱拱樤，虽然他是宁王未来的"皇储接班人"，却年纪尚轻，又缺乏实战经验，再加上一些没有主心骨的王府宦官做辅将，这些人碰到别人或许还有优势，碰到王阳明就慌了。

至于这些推断和这个决策是对是错，一试便知。

事实证明，有些人之前的担心是有些道理的，南昌城的确不好攻。守城

的士兵都是一些负隅顽抗之人，不论出于什么原因，他们既然跟着宁王反了，就背上了叛国的罪名，也早料到会有这一天，他们能做的只有拼命争取一条活路。这种心态影响了他们的行动：看见有人攻城，守城人都红了眼，不停地往下扔滚木、石块，同时火铳、火炮、毒箭也都如雨点儿般落向攻城人。

眼看攻城军队死伤无数，不少人出现了畏敌思想，这又给攻城增加了困难。危急时刻，王阳明亲自督军，他一改温和的面目，命令大家一鼓附城，二鼓登城，三鼓还拿不下就诛杀伍长，四鼓不克就斩将。这回轮到攻城的将士们疯了，再不往上冲，自己要死不说，还连累长官和战友一起死。后退就是死，冲锋才有活路，硬着头皮上吧。横的果然是怕不要命的，守城人的精神一开小差，守城的力度就削弱了不少，攻城人便乘势而上。

硬战在所难免，但以"我军血流成河"为代价的方式可不是王阳明所推崇的。与攻城同时进行的，还有王阳明的第二方案，或者说，那才是他的第一方案：攻心。

原来，在攻城之前，南昌早就混进了不少王阳明安排的间谍，专门负责宣传工作，他们的宣传方式是口口相传和广告张贴：朝廷要来攻打南昌了，南昌百姓逃命去吧。不只如此，他们还在告示上写着：南昌士兵请早早地知趣投降吧。

在攻心与攻城的双重高压下，南昌城很快就沦陷了。王阳明率军进城，一面收缴宁王的财产，登记造册，犒赏三军；一面安抚百姓，处理逆党，重整军队。正当这支胜利之师以为要去安庆打宁王时，王阳明却下达了一个命令：全城戒备，加强操练，分兵四路，等宁王回来。

至此，王阳明实现了他本次攻打南昌城的主要目的：首尾牵制朱宸濠。以王阳明军队的实力，与宁王军队交战仍然会"杀敌五千，自损一万"。所以，他要打下南昌城，打的时候可以使宁王攻安庆之心涣散，打胜后可以等宁王军队匆忙赶回时以逸待劳。

朱宸濠果然没有让他失望。

知道王阳明围攻南昌，宁王就不淡定了，南昌有他的宝贝儿子，有他多

年来的积蓄，那是他的大本营……安庆因为有守将张文锦抵抗而久攻不下，南昌老巢又让王阳明给端了，朱宸濠心中充满了挫败感："几个小城尚且难攻，南京又该怎么打？"

李士实和刘养正出来力劝朱宸濠："陛下，您统率三军一定要淡定，这样军心才会稳。"他们接着又提了一个建议：不回去救南昌，连安庆都不要再攻了，赶紧去南京称帝。他们的论据也很有力：第一，造反是拖不起的事业，不必要的战斗要尽早结束，能避开的就避开；第二，王阳明他爱管闲事就让他管，不用理他就是了，称了帝，生米煮成熟饭，还怕他一个小角色吗？

可惜从与王阳明打交道那天起，朱宸濠就再看不上他这两个军师的能力，他总觉得他们是臭皮匠，是狗头军师。但往往嫌别人是庸才的人，自己也未必多精明。朱宸濠就是这样一个人，他就这样轻易丢掉了自己最后一根称帝的救命稻草。如王阳明所愿，朱宸濠先派一支部队做先锋杀回南昌，自己亲率余下大军随后，非要和王阳明决出个胜负不可。

宁王似乎忘了，一个经不起失败的人，也注定享受不了成功；一个舍不下小鱼的人，更无法钓到大鱼。更可笑的是，一个连正常人该具备的基本素质都欠缺的人，偏偏要去做阴谋家。还有一个理，宁王似乎也不大明白：战争不是打群架，兵不是越多越好，关键看谁在调度，关键看怎么领导。

宁王兵败鄱阳湖

宁王率大军回救南昌了，王阳明的部下犯起了嘀咕：对付宁王的南昌守军都很吃力，现在宁王的主力部队回来了，我们能守住吗？

王阳明发话了："为什么要守？我没说要守城啊。"他说："我们出门吧，去迎接这位心比天高、命比纸薄的王爷。"

就这样，王阳明和朱宸濠的正面对垒终于来了。王阳明主动出击，朱宸濠的造反生命进入倒计时。

 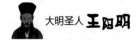

老实说，听到王阳明主动出战，宁王是很高兴的，他希望"速战速决"，快点送走王阳明这尊瘟神。

七月二十二日，风尘仆仆赶来的王阳明决定：次日发动进攻。但到了七月二十三日，一整天都不见动静。朱宸濠在军帐中轻蔑地笑道："这个王阳明又来这套，光吆喝吓人，以为我傻，会一再上当吗？吩咐下去，守营小队晚上等候着敌人来偷袭。"

夜，终是来了。

趁着夜色，一支小船队正一点点靠近朱宸濠驻军的黄家渡，没错，那正是王阳明麾下伍文定所带领的先锋小队。对于这支部队的出现，早就准备好了的宁王方面表示毫无压力。但是，面对夜色中突然冒出的宁王守营队，伍文定倒像是吓坏了，他干脆放弃了偷袭，扭头就跑。

"跑？哪有那么容易。弟兄们，给我上！杀敌立大功！"宁王小队一路穷追。一方要跑，一方要追，双方都拿出了赛龙舟和百米冲刺的精神。就这样，"跑道"一直延续到离宁王军营很远的地方，伍文定的偷袭军队终于放慢了速度。宁王军队正想全力进攻，就在这时，却发现了一个奇怪又可怕的现象：不知道从什么时候起，自己的后方、左方、右方多出了王阳明的军队。就在他们发愣之时，前方伍文定的小队也转过头来。

这是要干什么？当然是围攻了。

可怜宁王小队中有两千人，就这样阵亡了，还不算不计其数的伤者。

听到这个惨痛的消息，朱宸濠本人很受伤，他命军队撤到鄱阳湖东边的八字脑。

这一仗过后，损兵折将的朱宸濠做了个冲动的决定：调出自己在九江和南康二城的所有军事力量，集中火力大战王阳明。王阳明倒也没有辜负他，立即乘虚收复了这两座城池，气得朱宸濠一夜未眠。

二十四日，双方主力军队经历了一场恶战。

这一战，朱宸濠的军队表现得异常勇猛，连那些受了伤的人也一个劲儿地往上冲。这些人多是一些土匪流氓，将领多是宁王重金"聘请"来的，士兵也是用钱"砸"来的。朱宸濠将他们编制成军队，给他们军装，好吃好喝供着他们，他从不想着去掉他们身上的"痞子气"。朱宸濠清楚，只要部下还是痞子，在他们眼中金钱就大于一切，而财大气粗的自己就永远有挟制他们的筹码。

战场上，宁王方面不停地喊着："弟兄们，大胆地往上冲啊！当先者给千金，受伤者给百两。"这样的诱惑当然值得玩命，玩命就可以这么值钱，为什么不玩？

流氓无赖玩命了，将对金钱的追逐转化为强悍的战斗力，这对于宁王来说自是欢喜的，但是王阳明方面可就陷入困境了。宁王军队发疯似的战斗，再加上风向还有利于宁王，王军的弓箭和火器进攻都遇到了重重阻碍。一时间，王阳明方面损失惨重。

王阳明的难题来了：他不像朱宸濠那么阔绰，自己那点儿微薄的积蓄之前都给戏子们演"信使"用了，眼下，他已经没钱可使了，连手下招募的这些兵，都是靠"空头支票"连哄带骗集结来的。

他虽没钱，但他懂人心，他知道士兵爱财，但更惜命。王阳明下令，加大铳炮的攻击力度，擅自后退者，斩。一鼓、二鼓、三鼓、四鼓再一次响起，伍文定就像钢铁雕塑一样矗立在指挥前线，头发胡子都烧着了，还在指挥战斗，斩杀后退者……士兵们几天前攻克南昌城的激情再次被激起，都不顾一切地往前冲。两军交锋，朱宸濠也失去了风向的优势，战斗再一次进入了白热化。

正混战中，朱宸濠的军队一阵骚乱。原来，在王阳明的战船上扯起了一面白布，上面几个大字非常明显："宁王已就擒，我军勿滥杀无辜。"而且，不停地有人喊："朱宸濠被抓了，王大人让留些活口……"

尽管朱宸濠扯着嗓子辩解："老子还没死呢！不要上当，振作起来！"可是军心已乱，指挥官们也控制不住。无奈，宁王只好收兵撤退。

王阳明果然是个优秀的军事心理学家，宁王也很有经济学家的头脑。但是这一战，双方都损失惨重。

 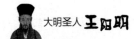

退到樵舍，宁王倒是平静了许多。他拿出所有的金银财宝分给众将士，不成功，便成尸。不过，在散尽家财之后，朱宸濠又自以为是地补了一个军事决定：将剩余所有船只固定到一起，联合成一个攻守自如的方阵，准备来日再背水一战。

王阳明方面听到这个消息，欢呼雀跃，开心又紧张地做了一个晚上的准备工作。

七月二十六日早上，宁王伸了个懒腰，精神饱满地指挥船队前进。这鄱阳湖波光粼粼，当年太祖朱元璋与陈友谅在此浴血奋战，建立了大明伟业。今天，朱宸濠也想自己能在此走向人生的最高峰，他希望这是最后一战。结果也确实如他所愿，这确实是"最后一战"。

王阳明准备了很多支小部队从不同方向迎接宁王船只的到来，他送给宁王最后的"大礼"是火折、火箭、火炮等各种火具。

随着"火攻"的号令一下，朱宸濠的战船上火花四溅，趁着风势，火苗蹿得老高。所有的船连在一起，解也解不开，火越烧越大，上万人不能回旋，无法救人，也无法自救，场面十分惨烈。

情急之下，朱宸濠脱去他那一身惹眼的服装，换上普通士兵的衣服，招来芦苇处的一只小渔船。船夫二话没说，把他载到王阳明的大船上。

此时的朱宸濠已是衣冠不整，狼狈不堪，他只想自动革职为民，想要一个做好人的机会，可是，王阳明也帮不了他，等待他的将是国法的制裁。

凭借勇敢、睿智与从容，王阳明在心学的指引下，在圣人使命的感召下，保住了大明基业，他缔造了一个奇迹。

鄱阳战捷，热血沸腾的王阳明还作诗一首：

甲马秋惊鼓角风，旌旗晓拂阵云红。勤王敢在汾淮后，恋阙真随江汉东。

群丑漫劳同吠犬，九重端合是飞龙。涓埃未遂酬沧海，病懒先须伴赤松。

只是，大明朝和王阳明的世界真的就这样柳暗花明了吗？

第十章　国手大师与"抢功"帝王

天上掉下个威武大将军

与叛军的战事总算了结了。本以为柳暗花明的王阳明和其"平叛义军"刚从战场上凯旋，不觉已被另一只巨手推向了万丈深渊。

原来，就在明正德十四年（1519）八月，"威武大将军镇国公总兵官朱寿"从天而降，虽然之前也有预兆，但这位朱将军来势汹汹，杀得王阳明和大明王朝一个措手不及。

朱寿将军又是何方神圣？也是学朱宸濠造反的吗？非也！朱寿乃当朝皇帝是也。

可是，当朝皇帝不是朱厚照吗？难道他退位了？驾崩了？非也！皇帝仍是朱厚照，他不但没有遭遇不测，而且玩得正嗨，他早就给自己封了这样一个神一样的称号和名字。堂堂天子，放着皇帝不做，非要当将军、当镇国公，当自己手下最大的官，这已属荒谬，不想这荒谬后面还跟着另一个更大的荒谬：亲征宁王朱宸濠。要知道，七月，王阳明就已经生擒朱宸濠了，难道皇帝和朝廷都不知情吗？

非也！

从六月十九日到七月三十日，王阳明陆续上过《飞报宁王谋反疏》《再报

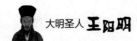

宁王谋反疏》《江西捷音疏》和《擒获宸濠捷音疏》，其中还不包含其他相关奏疏。这些"加急电"北京朝廷都收到了。

北京朝廷确实收到了，整个北京城都知道了，特别是开始的谋反疏，使得人心也有些惶惶然。但是，朱厚照的反应却出乎所有人意料：他比所有人都开心。

其实，对朱厚照来说，谁造反都无所谓，他等的只是一个机会，一个可以让他名正言顺带兵出去耍威风的机会，这一天，朱厚照等了十几年。

爱玩是朱厚照的天性，但是他变得爱玩军队，还要归功于他身边的几个人：钱宁、张忠、许泰、江彬。

朱厚照有一个用金钱、美女、酒池堆起来的享乐窝叫"豹房"，他整日沉湎其中，不回宫也不上朝。但是，豹房中侍寝最多的倒并非哪个绝色美人，而是一个叫钱宁的太监，说"侍寝"有些露骨，但白白净净的钱宁确实经常和皇帝吃睡玩在一起。有时候日上三竿，人们还不见皇帝，但只要看见钱宁起来了，就知道皇帝也要起来了。刘瑾倒台后，钱宁钻空子成为皇帝身边最亲近的人，是豹房的主管，也是为皇帝牵线搭桥的人。

钱宁曾为迎合皇帝关心前线战事的爱好，将一个边将引荐给了皇帝。这是个让钱宁后悔莫及的决定，他所引荐的那个人叫江彬。当朱厚照见到那个脸上带着箭疤又胡子拉碴的江彬时，他的春心与尚武心都荡漾了，这是和豹房里的小白脸们不一样的纯爷们儿。朱厚照亲身与老虎切磋武艺之时，江彬曾还打虎救驾。江彬还引领朱厚照进入了一个奇妙的武侠世界，那里有兵法、战术、军队的部署以及厮杀的场面，既有千钧一发的紧迫感，也有胜利归来的成就感。皇帝的心被彻底俘获了，江彬开始手握兵权。

至于张忠，也是皇帝身边一个善于钻营的太监；许泰则是一名武状元出身的边将，深得皇帝喜爱。这四个人长期和朱厚照厮混在豹房里，他们是皇帝的侍从、将军、干儿子，也是皇帝的枕边人。虽然四个人之间关系微妙，但朱厚照将他们的利益紧紧捆绑在一起。四个人沆瀣一气，打着朱厚照的旗号为非作歹。

对于这四个"搅屎棍"，大臣们当然没少弹劾，结果也都不了了之。鉴于这四个人还没造成当年"八虎"的恶劣影响，大臣们也只好睁一只眼闭一只眼。

回过头再来看朱厚照的兵戎情结，他喜欢舞枪弄棒，喜欢练兵，也曾经有过真格的军事行动。

明正德十二年（1517），朱厚照再也忍受不了元朝余孽小王子的屡屡进犯，他在未经大臣们同意的情况下，亲自带兵迎战，结果耗时几个月，还真的打赢了，取得了整个16世纪大明与蒙古作战中的唯一一次胜利。但是，在这场所谓的"应州之捷"中，明军的死伤人数是蒙古军的数倍之多。所以，不管是大臣们还是史官，都不愿意也不好意思承认这场胜仗。

只有朱厚照从中战出了信心，战出了勇气，战上了瘾。

朱厚照的这颗心，天下人不懂，四个"搅屎棍"却懂。所以，在收到宁王造反的准确消息后，他们第一时间鼓动皇帝亲征。四个人的理由也很有说服力：这是陛下您大展宏图的机会啊，史书会给您记上重重的一笔，您会风光百年千年的；宁王是个有钱人，他都有钱造反，宁王府一定有着不少的稀世宝贝，去晚了可都让王阳明截留了；最重要的是，正好可以借着亲征的机会南巡啊！

他们果然是懂朱厚照的。南巡？那可是朱厚照多年来迫切渴望实现的另一个美梦。

朱厚照早就玩遍了北方，像北京、宣府、大同这些北方地区他都玩腻了，他想去南方，特别是传说中"日出江花红胜火，春来江水绿如蓝"的江南。可是，他的这个念头动了多少次，就被大臣们泼了多少次冷水。

大臣们没法不担心，皇帝在北方折腾也就罢了，江南可是大明的经济文化中心，朱厚照带他身边的"搅屎棍"往南走，还不得像当年的隋炀帝南巡啊。如果这样，不管是对沿途百姓的生活，还是对大明王朝的财力，都将构成极大的冲击。再者，要是皇帝的龙舟在江南哪里搁浅，大明江山岂不是无主了？不行，绝对不行！挨板子也要阻止皇帝南巡，因此挨板子的官员也的确不在少数。

 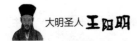 大明圣人王阳明

往次阻拦，皇帝除了打大臣们板子，只能气得干瞪眼，但是这次不一样，他的"智囊团"早就教会了他托词："朱宸濠虽然抓到了，可是他的余党还需要军力去剿灭啊，朕为一国之君，又怎能不身体力行担当国难呢？你们就好好在家给我打理朝政吧。"

此话一出，百官又开始哭天抢地进言了："亲征也不行，龙体要紧……"这回朱厚照急了，干脆不理这些人，而是安排亲信们酌情处理。他自己则拉着江彬、许泰等人挑战袍去校场誓师了。

皇帝南征的脚步已经迈开了，朝廷乱成了一锅粥。南昌城内的王阳明也是坐立不安，他几经确认仍怀疑事情的真实性。四十多年的人生路，他出入佛、道、儒，上过山、下过水，什么怪事什么怪人没遇到过？他作战时也常是靠"出奇"制胜。论了解人的心理，天下还有比心学大师更厉害的吗？可是这位不走寻常路的皇帝，让王阳明茫然了。

带着种种猜测，王阳明迎来了他生命中最特殊也是最难缠的一位"敌人"——朱厚照。

英雄也有寂寥时

由北向南的官道上，快马跑瘦了一批又一批。北京、南昌以及沿途各站点之间，飞报着南巡大军的行程和由此引发的一系列荒唐事。

听说当朝皇帝钟爱处女，为了让女孩子们免受祸害，扬州瞬间兴起了嫁女风。开始还是讲究些门当户对，当皇帝的脚步越来越近，大家干脆上街抢男人，不分美丑，不管贫富，甚至不介意是否残疾，拉回去就与女儿成亲，一时搞得有家室的男人们都不敢出门。后来又听说这位皇帝对有夫之妇、寡妇甚至孕妇都十分喜好，扬州的妇女们没法，只好收拾东西仓皇出逃。

作为一国之君，本该是爱民如子，却把百姓逼到如此地步。朝臣欲哭无泪，只能让一封封劝归的奏折无力地追着皇上跑。

此时的王阳明还在忙着处理宁王叛乱的后期工作：安抚民心、鼓励生产、建设军队，考虑当时被宁王胁迫的官员的处置办法，打发才来支援的福建、广东的士兵返回，一切有条不紊。只是当朝皇帝的"南巡"让他平复多年的圣心又起了波澜：是不是皇帝没有收到已经平定宁王叛乱的奏折？是不是南巡军不知道沿途的危险？

八月十七日，在稍事平复了心情之后，王阳明决定写《请止亲征疏》给皇帝。在上疏中，王阳明再次发挥了自己善于写信的特长，他诚恳地请求皇帝停止亲征，还从方方面面论证自己的理论。

第一，王阳明回顾了宁王起兵造反时的危急情况。宁王篡夺了江西多个地区的兵权，南京朝廷在江西各地张榜：谁能组织起义军、平定叛乱，日后可以拜侯爵之位；敌人中若有人能迷途知返，帮助朝廷平叛，也可将功补过。王阳明也借此表明自己临危受命，是当时南京守备通过兵部向皇帝申请过的。

第二，在听到皇帝说"闻宁王罪大恶极要御驾亲征"时，王阳明又将宁王叛乱的前后经过将了一遍，他认为其中存在着时间差：自己在六月十九日最初上书汇报宁王叛乱后，就已经开始调兵，委任军官，征讨宁王；到了七月二十六日，自己已经生擒了宁王和他的贼党，并上了捷音疏，所以可能皇上在下达亲征的命令时还没有收到自己的平叛捷音疏。

第三，王阳明又告诫道：经过自己的调查，他认为宁王平日能够作威作福、气焰嚣张，致使以前那些弹劾宁王造反的奏疏都被阻拦，一定是宁王的细作已经安插到了京城甚至皇帝身边。而宁王在刚开始叛乱时，也料定了皇帝会亲征，所以早就在沿途埋伏下奸党，打算谋害皇帝。

第四，王阳明还表示，宁王被抓住了，按律应该把他押到京城正法。王阳明承诺，自己将会在九月十一日亲自带人将宁王朱宸濠和重要从犯押回朝廷，尽到一个臣子的本分，彰显陛下的圣明。

应该说，这是一份相当有分量的请止疏，皇帝接到后按理就该打道回京了。可惜，朱厚照就有个自动屏蔽功能：坏话听，好话不听。更令王阳明想不到的是，他的上书已经让皇帝及皇帝身边的小人们反感了：回去？在江南

 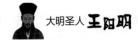

玩得正尽兴为什么要回去？战功还没抢到为什么要回去？

皇帝南巡的脚步还在继续，对沿途的伤害还在继续。

王阳明闭门静坐，他开始更为认真地思考皇帝南巡这件事，并试图找到这奇怪的表象背后的玄机和解决问题的办法。皇帝荒唐爱玩，这是天下皆知的。仔细分析皇帝南巡途中的所作所为，他虽然打着"诛反王"的旗号亲征，路上却并不着急，只知玩耍，看来他真的是借着"诛反王"的名义来玩的。

想到这里，王阳明已经出了一身冷汗。

要不怎么说朱厚照这位皇帝堪称"史上最另类皇帝"，别人的心思靠合理推测，他的心思就需要天马行空地发挥想象去猜。当然，这也是因为王阳明在朱厚照登基早期就被贬谪龙场，后来又忙着宣传自己的圣学，忙着剿匪平叛，以至于缺乏对皇帝的了解，这么晚才认识到他南巡的目的。

"但只要我早日把宁王朱宸濠送到皇帝手上，南巡军没有了继续前行的理由，应该就可以班师回京了吧？"王阳明打定主意，立即带了些官员和士兵亲自押解朱宸濠去会朱厚照。

可是，才行到江西上饶处，王阳明就收到了钦差提督军务御马监张忠发来的公文，张忠不但态度轻蔑地诋毁王阳明，批评他不好好留守南昌做战后安抚工作，擅离职守，还要王阳明原路返回，等待皇帝"亲征叛军"。

不只如此，张忠还派人追上在广信不肯返回的王阳明，命令他："停止献俘，把宁王带回江西，放回鄱阳湖，等皇帝亲自再抓一回。"

更荒唐的是，这些都是经过皇帝同意的旨意。

这些荒唐的命令让王阳明愣了足足有一炷香的时间：这样也可以吗？简直荒谬！人们的心中贼真是可怕。人做得久了，王阳明开始觉得还是贵州山区的野兽比较可爱。

王阳明做了一个决定，找个人来帮帮自己和江西百姓。

不能言败，哪怕自己也只是天下政治棋局中的一枚棋子。

争取良知太监来助阵

明正德十四年（1519）九月，王阳明没有听从皇帝方面的意思回江西，而是押着朱宸濠取道去往杭州，直奔一个人的行馆。这个人叫张永，他不是什么巡抚大员，而是皇帝身边一个重要的老太监，他就是王阳明要找的"救星"。张永还有另一个身份，就是当年的"八虎"之一。与其他"七虎"不同，他算是一个颇有正义感的太监，特别是在扳倒刘瑾的过程中发挥了极大作用。应该说，这个人救过大明王朝。

此次朱厚照南巡，张永也是随行者之一。此时，他正率领着一支部队作为南巡先行军在杭州待命。

王阳明决定为了天下苍生来赌一赌。只要你愿意走，路的尽头仍然是路。

意料之中，在这里，王阳明遭遇了张永的闭门谢客。

王阳明干脆在院子里大喊："张公公，我知道您就在房里没有外出，也知道您老的身子骨健康得很，我王守仁有难您可以不管，可是您不能置天下苍生于不顾。今日，王守仁代天下苍生来求您。"王阳明说着，已破门而入，吓得张永把茶杯都掉在了地上。

张永当然紧张，王阳明现在可是个敏感人物，皇帝身边的红人哪个不把他视为"眼中钉，肉中刺"，他这会儿不老实在江西安排皇帝捉宁王的事，突然跑这儿来干什么？张永还没回过神，王阳明已经坐在他的对面了。

王阳明开门见山地说明了来意："张公公，我知道您是个有良知的人，也是个是非分明的人，更是个为当今圣上着想的人。现在请您劝说圣上回京师。"

这么突然的要求，又这么夸张的要求，张永当然不会同意。作为一个老油条，他决定跟王阳明打太极："哎哟，王大人这可是抬举我了，我哪有什么良知啊！这年头，良知值几个钱啊！以前我和刘瑾一起，现在我和江彬、许泰这些人一起，谁不说我跟他们是一路货色啊，人前人后也不知遭到朝廷上

下和这全国百姓多少骂呢。"但是，对于王阳明接下来所陈述的几个理由，张永却是被深深触动了。

"第一，圣上亲征，目的是收服宁王，如今宁王已经五花大绑在门外了，他的手下也都成不了气候，余匪也清了，这个理由不再成立了。第二，圣上一路向南，给沿途的城和人都带来了不少伤害，这都是因为圣上身边有一些小人在作怪，他们打着亲征的旗号，烧杀抢掠，惹得民怨不断，这一切骂名最终不得皇上来背吗？第三，一国之君长期在外，江山社稷谁来关照？在这不太平的年代，这不是给那些窥伺大明江山的人以可乘之机吗？若是国君在这途中出现什么意外，责任又由谁来负？第四，江南虽然富庶，却经不起这样兴师动众、劳民伤财的折腾，这对国家的整体发展很不利。圣上接下来还要去江西，江西多年来匪寇流行，又有宁王作乱，江西的百姓已经被剥了几层皮了。好不容易一切都平息了，若再有意外伤害，这不是逼当地百姓再入山做贼吗？"

张永的表情复杂地扭曲着，他被触动，不代表他打算蹚这浑水。半天，张永才叹息道："当时皇上要出来，我就不大同意，可是有什么办法呢，那么多重臣苦劝也没有用。可能你还不知道，因为这事儿在京城打死打伤好些个阻拦的官员，那叫一个惨哟。你也知道，咱们皇上从小就爱玩，他身边那几个人还老撺掇他四处玩，玩得大了，就不可收拾了。王大人你说这些个后果啊，有些也是老奴担心的，所以我才豁出这把老骨头也跟着出来了。可是这么大的事，那么多个大臣都管不了，我一个残疾人能管什么用啊，我也只能尽全力跟着保护皇上。"

意识到自己真的找对人了，王阳明话锋一转，语气软了很多，也更谦恭了："张公公，谁不知道眼下皇上身边的红人中，您与谁都不争，谁与您争您也不屑，因为您才是资历最老，说话最有分量，又最有影响力的那一位。皇上敬您爱您如同父亲啊。此时您不为皇上着想，不为百姓出头，您就忍心看皇帝背上千古骂名，忍心看江彬等人把天下倒转过来吗？"

这一回，张永激动了，为国为民，也为这几句打动人心的奉承。

只是，不管是在人际场混迹了多年的老滑头张永，还是饱读诗书的王阳明，他们都没有一个万全之策应对当下的问题。毕竟，他们面对的皇帝朱厚照是一个可以随便劝着出去玩，却不是一个可以随便劝着就"回家吃饭"的人，更何况，他心中还有一个英雄梦，他身边还有一堆难缠的小鬼。

几天后，二人再次相见。张永要了朱宸濠那一批俘虏，押他们去南京献给皇帝，并做后期说服工作。但他没有带走王阳明："王大人就不必同往去给人添堵了。"

精疲力竭的王阳明住进了杭州净慈寺，连日的折腾让他的病体又开始吃不消了。他感谢张永，也庆幸自己做了这个回杭州找张永的决定。宁王等俘虏离手，他也有了片刻的放松。寺院内梵音袅袅，暮鼓晨钟让人平静。

但这个事情是不是就算告一段落了？

不做人欲的牺牲品

又是南京！王阳明曾写诗赞过"高皇曾此驻龙旄"的大明南都，王阳明曾布道心学的南京。

一个有良知的太监正企图去说服一个良知被蒙蔽的皇帝。

张永苦口婆心地说："皇上啊，差不多就行了，这宁王都在咱们手上了，而且江南咱也玩过了，不过如此嘛，收拾收拾回京吧。您听说古今哪个好皇帝不在京师待着的？皇上啊，您可是位好皇帝啊，自小就那么聪明，现在长这么大了，都是中年帅哥了，也该管管朝政什么的了，不能老让那些大臣钻了空子说了不是。要玩，咱回京玩，在北京豹房、宣府的'镇国公府'，您以前不是玩得好好的吗？在这么潮湿的南方待着有什么劲啊。"

朱厚照一时无言以对，但是他将不情愿写在了脸上，谁都看得出。

碍于张永的资历，皇帝的那几个干儿子也不好直接对他发难，但是他们把矛头指向了王阳明。他们向"干爹皇帝"强调了这次南征的理由，还添油

加醋说了很多莫须有的事：听说王阳明和宁王是一伙的，他的门生冀元亨还参加过宁王的生日派对呢，王阳明这是见皇帝要亲征了，碍于龙威，才选择窝里反的。朱宸濠造反，累积的金银财宝富可敌国，这些钱都囤在他的南昌老巢啊，若没人去处理，可都便宜了王阳明了。最与皇上切身利益相关的一点是，多少年才有这么一次南巡的机会，好不容易出来了，下次不知道要什么时候，而且江南已经这么好玩了，江西会更好玩，那里有很多山，还有鄱阳湖，太祖皇帝打下江山的鄱阳湖。

这一套理由，朱厚照太受用了，特别是与宁王在鄱阳湖来一场男人间的较量，那简直是太美好了。皇帝听得两眼直放光，借着酒劲嚷嚷着"去南昌，去鄱阳湖"。

张永无奈，一面安排人给王阳明捎信，一面计划着来日继续说服皇帝。

同时，皇帝也下了一道旨意："王阳明啊，别再四处乱跑了，回南昌当官去吧。"这倒是让人没想到，皇帝和他身边的人厌恶极了王阳明，皇帝为什么不把他派到别的地方去，"眼不见心不烦"多好？

这是另一场阴谋的开始。

皇帝还未到南昌，王阳明也还未到南昌，但已经有一部分人快马加鞭先到了，他们是张忠、许泰和他们的军队。这些人一到南昌，就如"硕鼠"般在当地洗劫了一番，不只如此，他们还放出"官话"说"王阳明和朱宸濠是一伙的"，并把伍文定抓去严刑拷打。

张忠和许泰给他们的军队灌输了很多王阳明"抢功、装大、嗜瑟、参与造反……"的一面之词，这使得王阳明一回南昌就遭到了北军的谩骂、诋毁。

对于这些评价，王阳明早已是"任它风雨任它晴"，但是这些官匪对江西人民的伤害，王阳明就非常介意。要知道，民怨到了一定程度，就会如火山一样喷发，民怨爆发的最严重后果就是改朝换代。

平民怨，必须安抚民心，即使此时的民心已经很难安抚。

王阳明对南昌的军民百姓发了一道告谕。告谕中，他表示对江西人民的苦难感同身受，但是仍请大家原谅北军的粗暴行为。虽然北军做得不厚道，可他们也与南方人同根生于大明，只是良知暂时受了蒙蔽。况且这些人背井离乡，严重不适应南方的潮湿气候，总会起疹子、拉肚子，还要忍受比北方多几倍的蚊虫骚扰，北军的兄弟们身心难受，才会找一个错误的宣泄出口。但是，北军总会觉悟的，也会回京的，大家惹不起的可以先躲一阵。

这样的告谕，触动了南方军民的心，他们愿意相信在王阳明的领导下，自己会过得比较幸福。这份告谕，也深深触动了北方军队的心，他们连日在南昌作恶，王阳明不但不怪罪，还号召百姓体谅他们。通过多日的接触，再加上当地百姓的口碑，北军已经开始认识到王阳明并非如他们领导所描绘的那样不堪，相反，王阳明很忠诚、能干，也很仁慈。北军虽然一路跟着皇帝吃香的喝辣的，可是他们的疾苦又何曾有人关心过，他们不过是老大们抢人抢钱的机器。想到这里，北军开始闹情绪，对百姓也多少手下留了点儿情。

但这还不是王阳明想要的结果，百姓仍在水深火热之中，他不能只做一个坐以待毙的好好先生。不怕万人阻挡，只怕自己投降。接下来的行动，王阳明将这次攻心战推向了最高潮。

中国自古就有"冬至大如年"的习俗，冬至将至，王阳明可没有忙着准备什么汤圆水饺，相反，他利用了冬至的另一个重要传统，就是祭奠。"以冬日至，致天神人鬼"，祭奠亡灵，保佑生者能够免除饥饿与死亡。

王阳明下令，把这个活动提前，而且要办成全城的大规模活动。

到了祭奠这一天，南昌城一片哭号之声。百姓当然要哭，被匪寇、被宁王祸害了这些年，死了多少亲人啊，终于要见到点儿天日了，又来了一帮更嚣张的"京城大盗"，又死了不少人，活人的命也不知道能保到哪天。平日里王大人不让哭，这下好了，随便哭，当然要使劲哭，哭死去的父母，哭死去的儿女兄弟，哭死去的朋友亲戚，哭对门那个好心的王大叔、张大嫂，哭那些为保卫南昌而牺牲的人，哭那些因为战乱音信全无的人，哭那些被"不幸抢走"的老牛老马，哭别人，哭自己，哭过去，哭现在，哭未来。大街小巷飞满了纸钱，到处是哭昏过去的人。

这么凄惨的哭泣场面，让北方军队非常震撼，他们开始悲天悯人："是啊，本是同根生，相煎何太急。都是苦命人，我们何苦咄咄相逼。"可是，北

军也更难过："此时的他们要比我们幸福，他们还在自己的家乡，而我们远道而来，那些水土不服死在这里和路上的兄弟们，是客死他乡啊。谁能保证下一个死掉的不是我们呢？若是我们死在了南方，尸骨都不能够落叶归根。"

北方的军队不干了："回家！回家！"

军心如此，无论金钱还是皮鞭都显得那样无力，张忠、许泰也彻底招架不住了，只好憋着气去找王阳明。

人生如天气，可预料，又往往出乎意料。就在不久前，王阳明还是案板上可以被任意宰割的羊，现在，他终于取得了对战皇帝军队的主动权。

弈局难了，人心难了

听说，北方军队要离开南昌了，南昌百姓无不奔走相告。他们计划着等北军一走，就派代表登门感谢王阳明为江西带来的福音，然后再举办个大型的民间庆祝活动，庆祝一城百姓的重生。

没有人注意到在城的高处，几个人笑得很阴森。

魑魅魍魉果然比阎王还难缠，张忠、许泰虽然被王阳明占了上风，但他们可没打算就这样灰头土脸地离开。他们给王阳明出了一道难题：比箭，比赢我们就撤军。

堂堂武状元出身的许泰单挑一个文弱的病号大儒，这哪里是比箭，明摆着是欺负人。

最先接受不了的是王阳明的属下，他们不想王大人受这样的羞辱，更担心王阳明输了，北军会赖着不走。倒是王阳明很淡定，劝他们都回去让心清净清净，还说什么"心外本无物，心外本无理啊"。

就在下属们以为王大人被吓糊涂或者病糊涂的时候，太阳一落一升，眼睛一闭一睁，比箭的日子已经到了。

这天，南昌校场被围了个里三层外三层，只空出中间的射箭地带。大儒和边将比箭，有热闹谁会不看，私下押宝的人拳头都攥得紧紧的，更多的人是为王阳明捏了一把汗。

不得不说，许泰的箭射得很漂亮，名不虚传。

接下来，轮到王阳明了。他一拿到箭，南军中已经有不少将领的衣服都汗湿了，仿佛在比箭的不是王阳明，而是他们自己。他们不求王大人射得有多准，能射到靶上已经算是老天保佑了。

许泰和张忠一帮人已经笑出了声，等着看王阳明出糗。淡定的只有王阳明，他不慌不忙地站位、搭箭、扣弦、预拉、开弓、瞄准、脱弦，整个流程稳重、娴熟、有力而且迅速。神奇的是，三箭全射中靶心。

一瞬间，校场沸腾了，南军北军的掌声呐喊声不断。王阳明微微一笑："承让了，张公公，许将军，请信守你们的诺言。"张忠、许泰尴尬地张着嘴巴，南军将领们的嘴也久久无法合上。他们不知道，被"心学大师"与"神奇将领"光环环绕着的王阳明，还有一个专长叫作"全能"。

在各种舆论的高压下，张忠、许泰带兵离开南昌，会师朱厚照去了，当然他们也没忘在皇帝面前狠狠诋毁王阳明。

再说知道不能在鄱阳湖大展身手的朱厚照，又闹了很久的小情绪。

一个这么重要的人物不开心，周围的人当然要想办法了，朱厚照身边永远不缺出馊主意的人。最后大家合伙想出了一个"完美"的方案：把朱宸濠这一拨俘虏"放"到南京城外的一块空地上，皇帝亲自带领人马"征讨"。那天，朱厚照"英明神武""无往不胜"地"抓了一回贼"，过足了"战争瘾"，多少慰藉了他多年来的英雄情结。

可怜宁王朱宸濠，怎么说也是在战场上流过血的勇士，败给王阳明他认栽了，还要哄孩子一样陪朱厚照比画，心中窝囊，悔不当初啊。

荒唐的"大战"结束了，皇帝却还不想回去，非要先在这里过个年再议。皇帝身边的人也本着"不黑倒王阳明誓不罢休"的精神，又出了一个馊主意：让王阳明速到南京面圣。

按照这些人事先给皇帝打好的预防针："王阳明和宁王有一腿，他心里有鬼，一定不敢来面圣。现在宁王被抓了，王阳明是一门心思地准备造反了。"这样的解释当然不合理，可是皇帝说："你们说得对。"

虽然不清楚皇帝这又是搞哪一出，王阳明倒是一点儿没耽搁，即日启程前往南京。这让张忠等人很紧张，也很不愉快，他们派人把王阳明拦了下来："王大人，上头的命令，不让您再往前走了。"

上头的命令真是多，上头的命令都很奇怪，上头还总是朝令夕改。王阳明进也不是，退也不是，干脆就到九华山去学道，整日打坐、作诗。

王阳明不曾逃避，也不想妥协。相反，外面这么乱，他心里的志向不曾倒，良知不曾减，不该识的实务从不识，就算被命运扼住了咽喉，他也要挠挠它的胳肢窝。

可是，现实又是如此血腥。

还是张永看不下去，在皇帝面前说尽了好话，强调王阳明如何忠心为国，以及再为难他的恶果，最后皇帝方面对王阳明的打压才算是告一段落。而到这里，似乎朱厚照再没有继续留在南方的理由了，但他的南征军却仍没有一点儿回京的意思和动静，这可急坏了朝臣们。无奈之下，王阳明在明正德十五年（1520）七月重上《江西捷音疏》。在这封捷音疏中，平定宁王的最高功臣是"威武大将军镇国公总兵官朱寿"，江彬、许泰、张忠、钱宁、张永等人在军功榜上排在前面。同年闰八月十二日，由朱厚照率领的亲征大军终于满意地离开南京，"凯旋"班师。

这一回合朱厚照集团似乎赢了，王阳明成了政治的牺牲品。但是，在他们还来不及炫耀之时，朱厚照就在回京途中因为抓鱼而受了严重的风寒。同年，朱厚照下令赐死朱宸濠，并将他的同党钱宁抓获。那时，朱厚照的身体已经十分羸弱，但江彬却仍不愿意放弃手上这颗"万能的金种子"，他把朱厚照哄去了豹房，在那里，朱厚照享受了他人生最后的欢娱与骄奢。

这一页总算是翻过去了，王阳明倦了，也累了，他把精力又转到圣学的传播上，他想将一颗心都投入平静的日子。可是，有人就有恩怨，有恩怨就有江湖。人就是江湖，你又怎么退得出呢？

第十一章　迢迢"朝圣"大道，
师生相伴"虔"行

知己不再，英雄落寞

在孔子的弟子之中，孔子最中意的是颜回。而在王阳明的众多门生中，王阳明最中意的是徐爱。

鲁哀公十四年（前481），颜回丧，享年40岁，孔子哭之恸："噫！天丧予！天丧予！"明正德十三年（1518），徐爱丧，享年31岁，王阳明哭之恸："天丧我！天丧我！"在王阳明心中，他早已经把徐爱当成自己的颜回了。

徐爱字曰仁，号横山，浙江省余姚马堰人。在成为王阳明的弟子前，他先成了王阳明的妹夫。成亲之初，徐爱与那位"非主流"大舅哥王阳明接触不多，毕竟各有各的事要忙，交往也限于亲人间的交流。

亲缘关系本就非同寻常，但二人坚固的感情却是建立在他们的师友关系上的。

明正德元年（1506），王阳明被皇帝和刘瑾坑得不轻，打得屁股开花不说，还一纸诏书给支到贵州龙场当驿丞去了，一路遭到追杀。当其他人都在痛惜王阳明的悲惨命运时，徐爱却坚信："以大舅哥的聪颖，他一定还活着，

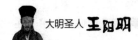

做大事的人是不会轻易死掉的。"徐爱果然懂王阳明，王阳明九死一生绕道与亲友会面，徐爱再也不愿意放过机会，他敬王阳明的气节，也敬王阳明的才气，毅然向王阳明磕头拜师。

之后，徐爱带着老师赠予的《示徐曰仁应试》与同时拜师的朱节、蔡宗衮一同进京赶考，不幸落榜。那时，王阳明已经悟到了圣学，在遥远的龙场写信给徐爱，安慰他、鼓励他，并希望他能放下个人的小生活来跟自己研习心学。徐爱收到信后，二话不说，当即收拾行李，不顾自己身体的瘦弱，长途跋涉到龙场，与老师一起讨论"知行合一"。

后来，王阳明又悟出了良知论，世人还"多未信"时，徐爱又主动担负起阐释工作。一年朝夕相处，徐爱不但在学术上有了长足进步，科举更是榜上有名。有了功名之后的徐爱，仍将主要精力致力于对良知的传播。

王阳明爱惜徐爱，就如同孔子爱惜颜回，纵观徐爱与颜回的人生，竟有诸多相似之处，让他们的圣人老师"不得不爱"。

可惜，这样的弟子，竟是圣人也挽留不住。

王阳明身体一向不好，徐爱的身体更不好。徐爱曾给王阳明讲述自己的梦："弟子在山里遇到一个和尚，和尚说我'与颜回同德，亦与颜回同寿'，恐怕我是个命不能长久的人。"不久后，徐爱真的就同颜回一样英年早逝了。

那年，王阳明正在江西山中剿匪，那正是他人生的辉煌时刻，可惜他的弟子徐爱却再也无法分享他的荣光了。得知消息后，王阳明哭得几天不能进食，像孔子失去了颜回，更像俞伯牙失去了锺子期。在王阳明看来，徐爱死了，天下还有谁听得懂他说话，还有谁能来向他问道，还有谁能同他一起探讨圣学？

知己不再，英雄落寞。

徐爱与颜回，两个人都将短暂的一生毫无保留地奉献给了圣学事业，他们毕生都在追随老师的脚步。尽管活在圣人的风采下，活在对恩师的崇拜中，也让二人没有太多的个人特色，但是他们对中国儒学与心学的传播却功不可没；他们的言论分别出现在《论语》和《传习录》上，成为世人学习的宝典级指导手册；他们为人和做学问的态度，与圣人的丰碑立在一起，让后人敬仰。这样的人生，谁又能说不是伟大得让人敬仰的呢？

或许他们只是先行去了，为圣人与圣学在另一个世界的发展开辟圣路，那里，有他们的"后青春"。

"零落成泥碾作尘，只有香如故。"

当圣师遇上"怪老头"

俗话说："龙生九子，各有不同。"同样，同一位师父所带的弟子也是百样的。更何况王阳明这位心学教主本人就是一个"怪咖"，他的弟子中也难免有些扎眼的"另类"。

比如，来自浙江海盐的怪老头董萝石就是其中一位。

董沄，字复宗，号萝石。在遇见王阳明之前，江湖上就有董萝石的传说：为了研习诗作，他可以常年抛家舍业与家乡的诗友们扎在诗社里，往往是"吟安一个字，捻断数茎须"。别人笑他太疯癫，他却笑世人看不穿。

那年春天，六十八岁的董萝石只身到绍兴游玩，他想为写诗寻找灵感，更想让自己的思想上升到一个新高度。途中，他听说王阳明和弟子们在山中讲学，便决定前去会一会这个传说中的圣人和他的"圣学"。

连续几天，董萝石背着水瓢、斗笠和他的诗卷沿途打听，一直到了王阳明所在的山中住所。进门后，董萝石态度嚣张，一屁股就坐在了上座。对于这个突然出现的怪老翁，王阳明当然感到莫名其妙，不过仍是以礼相待。特别是在得知这位老者就是董萝石后，王阳明与他聊了很久。在谈话的过程中，董萝石的态度也发生了天翻地覆的变化，他变得越来越恭敬，越来越谦逊，更是不停地从主位上向旁边移开。

从王阳明处出来，已经是深夜。董萝石对王阳明的弟子说："这世上所谓

 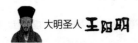

的'儒者'都只懂些皮毛，只注重表面功夫，其中一些跑偏的人更是把精力都花到追逐富贵上去了，我一向瞧不起这些人，也因此认为世上没有真正的圣学学问，都是小人们拿来营私的手段。我多年吟诗作赋，在山水间潇洒，直到今天听了阳明先生的'良知'之说，如梦初醒，方才明白自己以往躲在诗词中间，费尽了精力，这比那些挖空心思追名逐利的人又强到哪里去呢？今天来拜访阳明先生真是我三生有幸，我想做老师的学生，不知道老师会不会因为我年纪太大了而嫌弃我。"

听到年近古稀的董萝石这样说，王门弟子何秦当即带着他向师父请求。王阳明也十分诧异："这样的情况真是第一次遇到，他年长我那么多，若是觉得我的话可信，一起探讨切磋就是了，就用不着行师生之礼了。"

董萝石一听，觉得老师是怀疑他的诚意，便告辞回家了。

两个月后，当人们已经淡忘了这件事时，却看到董萝石捧着一匹缣出现在王阳明面前，说："这是我的老妻亲自织的缣，这缣上的线就好像我向老师求学的诚意，请老师一定要收下我。"

王阳明正推脱着，董萝石已经迫不及待地进门下拜了，王阳明只好应允他与自己的关系处于"师友之间"。

是的，王阳明并不把这位老者当学生，因为在他看来，董萝石愿意放弃几十年的作为，低下头来潜心求学，这很让人敬佩；同时，王阳明认为董萝石能够戒骄戒躁求学是"致良知"的榜样，这已经是对良知最好的领悟了，根本没有必要向自己求学。

拜师后，董萝石跟着王阳明一起在名山大川间游历，王阳明也以诗会友，和董萝石一起感悟人生。

都是年过半百之人，本都是"血气既衰，戒之在得"的老头儿，却被这共同的人生觉悟联系到了一起。对人生、对社会，他们都经历了太多，都感悟了太多，也看开了太多，不如一起洒脱自在悠游人世。

当然，师生间更多的还是关于心学与良知层面的切磋。比如，董萝石喜录人善言善事，王阳明却劝他"录善人以自勉，此亦多闻多见而识，乃是致

良知之功”，要“致良知而心得其宜”，才能“浩然之气至大至公，充塞天地，自然富贵不能淫，贫贱不能移，威武不能屈”。

别的学生出游回来感悟说：“我看见满街都是圣人。”王阳明告诉学生：“你看满街都是圣人，街上人看你也是个圣人。”董萝石外出回来说：“今天发现一个很奇怪的事，我看见满街都是圣人。”王阳明却只是说：“这很正常啊，没什么可奇怪的。”同样一个问题，因为所问人的态度、角度不同，王阳明给出的回答也是各不相同。简单的一句话，却如醍醐灌顶，让董萝石得到了精神的解放。

进入一个全新的学术领域，跟着一位智慧与勇气并存的老师，董萝石一改先前的骄傲。他变得像个小孩一样，总有很多奇怪的“为什么”，而且不懂就问，乐此不疲。他的诗友们急忙写信来召他回去作诗，笑他老了还在外面折腾自己。董萝石笑道：“我很开心自己能脱离苦海，很可怜你们还在苦苦挣扎，现在你们反倒认为我在受苦，岂不知我现在正像一条游弋的大鱼和展翅的大鸟一样自在，又怎么能飞回笼子做家雀。我要顺从自己的爱好过完余生，以后请叫我‘从吾道人’。”

功夫不负有心人，董萝石终是悟到了良知的精髓，短暂的余生，“朝闻道，夕死可矣”，他以“随心所欲而不逾矩”的信念活着，日日如新生。

好一个可爱的怪老头！

拔尖弟子爱“穿越”

在王阳明的诸多弟子中，有一个弟子最优秀，却也最奇怪。这个弟子叫王艮，本名王银。

王银自幼就体恤父亲经商贩盐辛苦，小小年纪便主动放弃了上私塾学习，代替父亲去做差役，还跟着父亲一同经商。但是，王银与其他买卖人不同，他人在商界，却有一颗向往文化界的心。那时的王银主业贩盐，还要挤时间

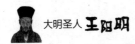

读书，抓住机会就向有学问的人讨教。多年过去了，王银在经济条件与学识上都有了很大的飞跃，他不但富甲一方，更是以学术远近闻名。

钱有了，名有了，学问有了，王银的人生理想也一下子远大了很多："夫子亦人也，我亦人也。"但同时，问题也来了，随着物质与精神条件的双重丰收，王银也变得骄傲起来，加上他常年自学，没有传统礼教规矩的束缚，导致他思想自由，为人桀骜不驯。为了可以成圣，他完全按照自己想象中的方式来，他像尧帝一样说话穿衣，行走在大街小巷，这在别人看来多少有些可笑。

一次，有人对王银说："你的学问和王阳明先生的心学很像。"王银很不服气，之后，他就换了另一身古怪的行头前往南昌城去会王阳明。

明正德十五年（1520），王阳明看到了这样的王银：头戴着传说中上古时代舜戴的帽子，身上穿着春秋时期老莱子穿的那种衣服，手里还拿着个木片做成的简易笏板。

慕名而来，初次见面，王银当然有请教的诚心，但更多的是较量和宣战的态度。

面对这样一个衣着奇怪、举止异常的不速之客，王门弟子忍俊不禁，王阳明倒是礼貌相迎，因为奇怪的人他实在是见得太多了。不过，王阳明也没惯着王银，而是犀利地指出："你只学老莱子穿衣服，却不学他七十多岁还在堂上假摔装哭，逗父母开心。"几句话不但可以看出王阳明的学识功底与反应能力，还直戳王银认识肤浅的软肋，这让王银很震惊，但他又岂肯就此认输。接下来，王银拉着王阳明辩论了两天，论格物致知，论意识形态，论心的作用，最后向王阳明行大礼拜师。

对于王银这位知识渊博、不盲从的中年男人，王阳明很欣赏，他诚恳地对王银说："我平定宁王叛乱都比说服你要容易，也希望你能把你的学问传授给我一些。"不过，王阳明也认为王银过于高傲，所以他为王银改名王艮，字汝止，希望王艮可以如"艮"卦所代表的山一样遗世独立，又能够"汝止"：不太过分，适可而止。

拜师后，王艮仍然坚持自己的个性，他与老师争论，"时时不满师说"，不管是对师父还是其他权威的理论，他都"反复推难，曲尽端委"。老师的耐心指导、自己的认真揣摩，加上反复讨论、探究，使得王艮很快总结出了自己的思想精华，他也自创了淮南格物说："即事是学，即事是道。人有困于贫而冻馁其身者，则亦失其本而非学也。"王艮强调人要"安身立本"，认为这才是国与家的根本。

与老师王阳明低调做人、高调讲学不同，王艮凡事都做得高调，生怕世人不知。比如说，穿奇装异服是他的日常，他也会不顾老师责骂，坐着"招摇车"招摇过市，他还在明嘉靖二年（1523）入京时，在路上大肆搞宣传活动，弄得沸沸扬扬。对于这些怪诞的做法，连王阳明都急着对他"痛加制裁"，但是王艮本人却借此实现了目的：迅速提升自己的知名度，亦提升自己学术的知名度。王艮的自我炒作很成功，各大场合的讲学邀请帖子纷至沓来，这些都为他日后创立泰州学派奠定了基础。

毕业于"社会大学"，又是自学成才的王艮，他的学识不仅丝毫不逊于那些专业科班的读书人，还全面发展，涉猎古今天文、地理、社会科学等方方面面的知识。不但如此，他身上也没有传统读书人的迂腐气，完全是自由发挥，随心行事，以至于他的有些表现让他那位高举个性解放大旗的老师王阳明都咋舌不已。

王艮的思想形成于社会实践的过程，也都用于社会大舞台。他所创立的泰州学派，弘扬阳明心学良知思想，反对束缚人性，引领了明朝后期的思想解放潮流，其影响超过了王阳明后学的各个学派，成为中国历史上第一个真正意义上的思想启蒙学派。这是王艮本人的骄傲，也是恩师王阳明的骄傲。

在这位王艮"王泰州"身上，有商人的奸，有儒者的仁，更有他"做自己"的坚持：一生布衣，拒绝入仕。王艮爱财，却取之有道，他凭自己的双手创造价值，过着富庶的生活；他一生不受功名束缚，摆脱了中国文人入仕为官的人生死结，却还能用自己的知识服务社会，特别是中下层社会；他做自己想做的事，又哪管世人诽谤。或许有人觉得王艮是在作秀，但是如果一

个人能用毕生精力去作秀，那么这也是难能可贵的。

这样的王艮，不出自书院，却比世上读书人都更爱学问，他在弥留之际还对儿子王襞说："汝知学，吾复何忧！"明嘉靖二十年（1541），王艮逝世，为其送葬的有数百人。这样的王艮，与其说是怪人，不如说是位怪杰。

王门盛宴

那是明嘉靖三年（1524）的事了，那位史上最爱玩的荒谬皇帝朱厚照已经过世三年多了，大明王朝正从一种奇怪的黑暗政治向另一种变态的黑暗政治过渡。但王门还是那个王门，在任何政治阴霾下都要坚强发展的王门，因为有一位神奇的教主在压阵，因为有一群努力又忠实的弟子在助阵。

这种不离不弃的共同进步来源于两种力量：一是共同的学术信仰，二是极度和谐的师生关系。

那时的王阳明，已经找到了人们一切行为态度背后的真正根源，那就是良知。正如孟子所说"世人心中都有良知"，但王阳明发现，不是所有人的良知都能显现，实际上，大多数人的良知都被蒙蔽了，因此才会产生认不清自我、价值观混乱，甚至作奸犯科等问题。

平定宁王叛乱后，王阳明将孟子的"良知"与《大学》的"致知"做了系统整理，升级为"致良知"论。他也因此愉快地发现，"致良知"不但是自己平生所学，更是"千古圣贤相传的一点真骨血"。良知与致良知的发现，更加充实了阳明心学，也再次壮大了王门弟子队伍。

不得不说，对于徐爱那样的乖弟子，王阳明有偏爱；对不同资质和性格的弟子，王阳明也会"因材施教"；同时，对于其他弟子，向来主张"天人合一""万物一体"的王阳明更有一视同仁的博爱。

王阳明知道，教学不是放羊，把羊赶到一块草地上，有溜号的就用鞭子抽回去。学生都是人，有尊严，特别是学术上的弟子们，与那些在私塾里咿咿呀呀背"四书"的小孩子们还有不同之处，他们有自己的价值观，更有自己的思想和行为方式，因此，王阳明在传道授业的过程中也总是会格外顾及大家的感受。

王阳明在讲学中，总会有一些温馨的小画面。

一次，王阳明召集学生共处一室讲课，有一位学生看书、听讲，甚至落座都表现得十分拘谨。

王阳明说："一个人如果过分拘谨，那就是毛病。"

学生不解："拘谨显得尊重，怎么会是毛病呢？"

王阳明说："人的精力是有限的，如果都用在表面上了，那分给内心的不是很少吗？就会有很多内在的地方照顾不到啊。"

又有一次，王阳明对一个言语太过直率的学生说："我们在这里讲的就是关于内心修养的学问，而如果对外在表面丝毫不加约束的话，那不就是把内心和外事分开了吗？我们的学术还有什么意义？"

当然，对于学生所犯的严重错误，王阳明也会直接不留情面地加以斥责，但是对于其他一些可以改正的问题，王阳明总是耐心地以心学道理引导，语重心长地教导，直到学生们真正有所领悟。

在大明年后从"正德"变更为"嘉靖"的那几年，王阳明正处在平定宁王后，又没有新平乱任务的档期。那时，他多待在浙江宣传终极版心学理念"致良知"，即通过学习主体的自我道德修养，从而合乎天理，体认良知。

明嘉靖三年（1524）中秋，王阳明在住所附近的天泉桥碧霞池上大宴百位门人。

师生团坐，把酒言欢，场面像极了《论语》里的画面：大明版的孔子与门生们一起，和着月色，吃饭、喝酒、击鼓、投壶、唱歌，好一个，人生得意须尽欢，莫使金樽空对月；好一个，常快乐就是功夫。

皎皎圆月下，王阳明开心地作了两首《月夜》送给自己和弟子：

万里中秋月正晴，四山云霭忽然生。

须臾浊雾随风散，依旧青天此月明。

肯信良知原不昧，从他外物岂能撄！

老夫今夜狂歌发，化作钧天满太清。

处处中秋此月明，不知何处亦群英？

须怜绝学经千载，莫负男儿过一生。

影响尚疑朱仲晦，支离羞作郑康成。

铿然舍瑟春风里，点也虽狂得我情。

中秋夜，与学生们举杯相庆，谈天说地，打成一片，还能以月喻良知，告诉大家拨开云雾就能见得月明，拨开私欲就能见得良知。那一刻，王阳明感觉很宁静，很知足，也很幸福。

那夜，人散后，"一钩淡月天如水"，王阳明静静端坐在碧霞池上，感慨随着风与月袭来：

独坐秋庭月色新，乾坤何处更闲人？

高歌度与清风去，幽意自随流水春。

千圣本无心外诀，《六经》须拂镜中尘。

却怜扰扰周公梦，未及惺惺陋巷贫。

是的，此时欢笑着、闲坐着的王阳明，正背负着太多的沉重：身体极度衰弱；朝廷对于平定宁王一事一直没有一个合理的说法；心学升级，又遭到一些人的故意曲解和诟骂……对于国与民自己到底还能奉献什么？王阳明其实更该欣慰，因为他的学生们永远是他强有力的后援团，不介意他会不会成为周公，只因他是他们的老师。一日为师，终身为父。

王阳明有那么一刹那的迷茫：不知道师生何时又会分离或者重逢，不知道世人的"致良知"如何才能到达，不知道一颗圣心如何才能得到最好的涤荡。可是瞬间他又变得那么明朗：是啊，吾心自有光明月，何愁千古团圆会有缺。山河大地拥清辉，赏月又何必中秋节？有着师生相伴前行，圣学大道上不亦乐乎。

天泉证道

经过王门中人多年的不懈努力，心学弟子越来越多，影响力也越来越大。如何能像武林各大门派一样，将自己的毕生绝学"致良知"整理成一套"心法"传授给弟子们，同时作为王门的教义流传千古，这成了王阳明在"知天命"年纪后急切要做的事。师父有这样的想法，弟子们自然是迫不及待地等着得到真传，就这样，王门"四句教"产生了：

无善无恶心之体，

有善有恶意之动。

知善知恶是良知，

为善去恶是格物。

然而，此教义一出，王阳明就成了箭靶子，明枪暗箭从四面八方投来，其中还夹杂着板砖。甚至在王阳明死后，这四句话引来的争论仍是不断。尽管如此，王阳明本人仍是很负责地表态：这就是我的思想宗旨，它的核心仍然是"致良知"。

先不说外面怎么沸沸扬扬地议论，这"四句教"在王门内部也引起了很大反响，其中，反响最强烈的是钱德洪和王畿。

钱德洪，名宽，号绪山，浙江余姚人，性格踏实稳重。德洪早年的工作是给人讲学，在当地也有一定的名声。明正德十六年（1521），王阳明省亲归余姚，德洪率子侄门生74人在中天阁迎请这位讲学界、思想界的精神偶像，虔诚拜师王阳明，之后随老师一起传道、授业、解惑。王畿，字汝中，号龙溪，浙江山阴人，年轻时豪迈不羁。明嘉靖二年（1523），王畿因为科举受挫，返乡拜王阳明为师。明嘉靖五年（1526），王畿取得会试资格却未参加廷试，因为这匹脱缰的野马此时甘愿拜服在王阳明脚下，他将精力全部用于协助王阳明传播圣学，时有"王学教授师"之称。

 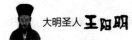

两位都是王阳明的爱徒兼高徒，"四句教"之后，他们进入了更深层次的思考。有思考，就会有疑问，有疑问就会有讨论，有讨论就会有碰撞，有碰撞就会有火花。越是高深的思考，越会产生惊人的疑问，越能产生剧烈的碰撞，就越会擦出最耀眼的火花。

可能是不同的性格、阅历使然，关于"四句教"，同师门的二人理解竟不相同，特别是对后三句的理解，二人的观点出现了严重分歧。王畿认为"四句教"还须继续探讨完善，还能向前推进，而钱德洪则认为老师的观点是不容置疑的。

原本，学术辩论不争一朝一夕、一时一晌，可偏偏老师王阳明是个大忙人，眼下又急着带兵平乱去了，留在浙江的时日不多。而王、钱二人又是当地的两大看家弟子，如果他们关于老师的精髓学术认识都不统一的话，又如何指导其他的王门弟子，因此，二人也迫切要辩出个究竟来。

这一天，秋高气爽，王、钱二人在张元冲的船上为"四句教"争论起来，争了一整日，争得脸红脖子粗，谁也无法说服对方。最后张元冲苦笑道："以两位的学术造诣，我的水准是远远到达不了的，你们不如赶紧找老师去评评理吧。"

二人想着，老师的工作虽然忙，但圣学研究也确实是耽误不得的大事。于是他们赶过去将王阳明堵在了"下班"路上，请求老师指点迷津。

王阳明乐呵呵地将两位爱徒带到了附近的天泉桥，一场轰动哲学界的"天泉证道"辩论会就此拉开帷幕。

据载，当天的辩论十分激烈，虽然几位记录员的会议记录有些出入，但是并不影响它的激烈程度。几番你来我往过后，双方都对自己的论点进行了充足的论据阐述，辩论也多次进入白热化。最后由此次辩论的主席、公证人员、评判人兼第三方王阳明做总结发言。

对于二位爱徒的这种钻研精神，王阳明首先表示了开心与欣慰。同时，王阳明对二人进行了严厉的批评，他说王畿若只知悟则容易轻视实践功夫，产生"空想"的毛病。他也更正钱德洪，不能一味地靠修来致良知。王阳明批评二人不该将"悟"与"修"孤立开，要悟、修同步，相辅相成，若各执一边，便不能很好地理解和应用这教义，更不能很好地致良知。

就这样，先是表扬弟子的优点，肯定双方对的地方，再对跑偏的二人各打五十大板，最后补充双方的不足之处，说出正确结论。既鼓励了学生的向学态度，不打击学生的积极性，又不让人产生骄傲心理。王阳明不愧是挑起中国素质教育大旗的先驱！

至此，王门对"四句教"的理解也达成统一，"四句教"就是心学的主旨，是放之四海而皆准的法则。

月色袭人，小桥流水，天泉证道在一片和谐中圆满落幕，师生也奔向了各自的前程。

第十二章　此心光明，人生未若归去来

大礼议：高处不胜寒

这是一个文臣集团惨败给皇权的事件，这是中国历史上一个"偷鸡不成蚀把米"的冷笑话。在这场情与礼的争议中，从君到臣、到民，包括王阳明在内，无一幸免。这就是在大明宫廷上演的"大礼议"。

明正德十六年（1521）三月，正德皇帝朱厚照在豹房结束了他三十一岁的短暂生命。他活着，总是制造很多出其不意的麻烦；他死了，也不忘丢给王朝一个棘手的问题：谁来继承他的皇位。这个生前最有精神头的皇帝，却没有留下后代。朱厚照总觉得自己年轻，也乐观地相信自己能生，不想自作孽成了短命鬼。

应该说，对于这一次麻烦，朝廷倒也是做足了准备。

整个王朝中最有资格主导议储的人是张太后，也就是弘治皇帝朱祐樘一生中唯一的妻子、正德皇帝朱厚照的生母。张太后仔细观察了朝中的几个势力集团：江彬等人虽然手上暂握兵权，但这些跳梁小丑注定是没能力来议储的，失去了朱厚照的庇护，等待他们的将是"秋后算账"，事实也正如她所料；至于此时的宦官集团，也成不了大事；只有文臣集团，才是最有计谋、最有力量又可以名正言顺议储的势力。权衡利弊后，张太后将实载着议储决策权的橄榄枝伸向了文臣集团。

在朱厚照病重期间，出来主事挑大梁的是内阁大学士杨廷和，作为封建理学的卫道士，加上在朝中一呼百应的影响力，杨廷和力主立兴献王世子朱厚熜为新君。为了保全张太后的位子，杨廷和还提出了一个办法：让朱厚熜管张太后叫妈，管早就死去的孝宗皇帝朱祐樘叫爸，这样，太后就还是正经八百的太后，继承问题也更加名正言顺。

一切似乎很完美，大臣与太后皆大欢喜，却唯独忽略了第一当事人朱厚熜的感受。

朱厚照驾崩之时，朱厚熜正从湖北晃晃悠悠地赶往北京城，这个过程中，皇位继承人一职出现了中国古代史上罕见的长达一个月的"青黄不接"。可是，朝臣们却没有多少悲戚，相反，他们更多的是期待，期待新皇会有所作为。

然而，让这些老谋深算的官员千算万算没有算到的是，新皇帝虽然是远来的"乡巴佬"，却也是只"九头鸟"。

朱厚熜不肯接受按太子身份即位的安排，不从东安门入宫，也不住文华殿。

无论朝廷方面派谁来哄，他的态度都很明确，也很坚决："你们请我来，是说来继承皇位的，不是来当皇太子的，要是这样，我就回家去了，你们另请高明吧。"

前来劝朱厚熜的大臣络绎不绝："主子您要登基当皇帝，按礼数，该称孝宗皇帝为'皇考'（即皇父），这样才名正言顺啊。"言下之意就是：小子，你得了孝宗皇帝和张太后这么大好处，让你过继给人家当儿子不过分吧，你要是不愿意啊，这天下指不定是谁的呢！

朱厚熜当然听得出这些话的意思，但是他可不那么想："我来当皇帝，那是你们请的，不是我愿意的。更何况，我认了伯父两口子做亲爹妈，那我的亲爹妈不就变成了叔父叔母了？这是不孝啊！我爹死得早，但我不能忘记他赐予我生命；我妈把我拉扯大，这是多重的养育之恩啊！伯父母虽然给了我

皇位，但怎么见得我就稀罕这皇位？要是让我赢了天下却输了爹妈，这种事我不干。我也是受过教育的孩子，也有良心，不孝的事，不干。"

怎么办？皇帝可以不管事，但国家不能没有皇帝啊，好不容易新皇帝到了，却不进宫，不换"登基牌"，甚至还要打道回府，这国家还算得上是国家吗？

杨廷和当然还要坚持，他害怕一旦妥协以后就失去了主动权。张太后却忍不住了："算了，也别行什么太子礼了，直接登基吧。"

明正德十六年（1521），朱厚熜登基，次年改年号为嘉靖元年，他就是嘉靖皇帝。

乡下来的小皇帝朱厚熜一点儿不怯场，在争国本的"首战"胜利后，他很快找到了当皇帝的感觉，最高的皇权到手，哪还愿意听人摆布！特别是在父母这个问题上，嘉靖不想同这些迂腐的老头子再争下去了。但是，树欲静而风不止。大臣们不死心，非要皇帝认他们这个"礼"，而皇帝也坚持"为亲生父母讨个说法"，于是有了著名的议大礼，也叫大礼议。

大臣们认为，朱厚熜是皇帝，他的亲爹也该是皇帝，若他以兴献王为亲爹，叫皇考，兴献王不就是老皇帝了吗？那把朱祐樘这位真正的老皇帝往哪儿放？于是，这帮人坚持让朱厚熜放弃亲爹妈，认朱祐樘为父、张太后为母，他们还不停地上书，举汉成帝立定陶王刘欣为太子的例子，举宋代"濮议"的例子，告诉朱厚熜这才是"大礼"。

一面是传统礼教，一面是人情，双方争执不下，一争就是四年，直到冒出了一个有用的政治投机者，事件才出现了转机。这位投机者把宝押在了人单势孤的嘉靖皇帝朱厚熜身上，这个人就是四十七岁的新科进士张璁。他倒也博古通今，还接触了些阳明心学，以此为基础，他帮皇帝找到了一个理论支持：《礼记》说"礼义之经也，非从天降也，非从地出也，人情而已矣"，张璁从心学的角度解释说，孩子孝敬父母这就是天理是人情，并不违背道德，并说"孝子之至，莫大乎尊亲；尊亲之至，莫大乎以天下养……圣人缘情以制礼"。

有了这个理论支撑，朱厚熜在父母的问题上，更加坚定了自己的想法。只是，他不但维护了自己生父母的权利，而且利用手中的皇权把事情做到了极点。

朱厚熜在近二十岁时接生母蒋氏入朝，这无可厚非。但是，他封蒋氏为"章圣太后""圣母"，封死了多年的兴献王为"恭穆献皇帝"，比朱厚照的名分还要高。朱祐樘仍是他的皇伯父，张氏仍是他的皇伯母。在这场对峙中，官员们死守礼教，不顾及皇帝的个人情感及子女对父母的孝敬之情固然不对，但是朱厚熜让生父称皇称宗配享于明堂也实在是过分。

或许这就是皇权，发个脾气就能把一粒盐变成一片海的皇权。

更可怕的是，在长期对峙的过程中，朱厚熜形成了扭曲的性格：自卑、暴戾、专断、猜忌。为了树立权威，他可以不择手段，甚至兴"大礼狱"。对于因大礼议一事与他意见不合的官员，五品以下挨打的就有一百多人，四品以上的大员也难以幸免。

"往来世人间，千古一帝心。悠悠悲欢事，喜愁天下分。"尝到了独裁甜头的朱厚熜，除了在初期利用皇权为百姓带来些福利，他更多的还是对控制欲上瘾，搞专政，为所欲为。随着皇权的一路高歌猛进，那些企图控制皇帝的大臣反倒成了皇帝手中的木偶，任由皇帝摆布。应该说，大礼议是一场完败的争议，所有人都败给了权力、私欲和人心。

连没有蹚这趟政治浑水的王阳明，也成了牺牲品。

如此"新建伯"

不得不说，自从明正德十四年（1519）平定宁王之乱后，王阳明这两年都活得很尴尬。早先，他不过是朝廷的一枚棋子，一枚因为能够指哪打哪而略显重要的棋子。可是，在宁王事件的善后工作中，他因为表现得不够"为主上着想"，而触了龙鳞。试问，一个被皇帝列入"黑名单"的人，又怎么会

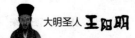

招朝廷的稀罕呢？

可是，被束之高阁的王阳明偏偏不甘心，他站出来大声说："我可以不受封赏，但朝廷不能对那些为平定宁王之乱而出生入死的将士们没一点儿表示啊！虽然将士们浴血奋战是为国为民，不是为功，但朝廷这样冷漠会很伤他们的心，打击他们的积极性，这样下去，以后还有谁会为朝廷卖命呢？另外，我的学生冀元亨在宁王事件中含冤受屈，希望朝廷给他昭雪。"

一方面是王阳明如此坚持地要个说法，一方面是朝廷方面死乞白赖地不给说法。这种局面一直拖到朱厚照死后。新皇帝朱厚熜本想出手处理这个棘手的"历史遗留问题"，他准备召王阳明入宫受封，但如果这样，就意味着文治武功的王阳明要风光地当大官了，这还得了！有官员哭哭啼啼地跑到新皇帝面前说："皇上啊，武宗皇帝刚刚驾崩，在国家大丧期间，不适合封赏啊！"

经商定，王阳明得到了一个安抚性的安排：升"南京兵部尚书，参赞机务"，允许归省。

新皇帝的意思明确也无奈：你有功，升你的官就是了，别人的事你就不要管了；我堂堂一个皇帝，连自己的亲爹妈都快保不住了，哪有闲心去管一帮士兵的利益呢？你要是没事干，可以回家探亲，别再给我添乱了。

这个假，王阳明休了，因为此时他已经五十岁了，比以往更渴望回到故乡。

夏秋之季，王阳明在浙江老家，"百战归来白发新，青山从此作闲人"。他日日种果移花，相呼钓舟，听听秋来万木发天声。老来还乡，王阳明以良知做伴，一面讲学，一面娱乐，一面等待，等待那个迟迟不到的说法。

终于，朝廷方面有了点儿动静：封赏原南京兵部尚书乔宇、南京守备太监黄伟等人，升伍文定为都察院左副都御史。

明正德十六年（1521）十二月十九日，王华生日，王阳明在故乡收到了一份迟来的制敕：

"江西反贼剿平，地方安定，各该官员功绩显著。你部里既会官集议，分别等第明白。王守仁封新建伯。……给与诰卷，子孙世世承袭……"

封侯拜相，衣锦还乡，这是多少古代读书人的梦想啊！仅在明朝，除了开国元勋之外，被封为伯爵的武将并不多，文臣更是屈指可数。王家府院，一片欢腾，觥筹交错。

然而，接旨的那一刻，老寿星王华哭了，众人都以为这是喜极而泣，却不知王华老泪纵横背后别有心酸：儿子的仕途之路虽说步步高升，却也是危险重重，他要在战场指挥杀敌，还要斗奸宦，斗荒唐的皇帝，简直九死一生，要承受怎样不为人知的艰辛啊！他实在不敢想象这一次封伯对儿子来说是福还是祸。

此时此刻，王阳明本人也恨不得大哭一场，这就是朝廷对我一生征战的定论吗？如果是，为何没有工资兑现？如果是，我又怎能不顾及那么多还没有得到奖赏的将士们，独自带着子孙后代们领这一张"空头支票"？也罢，也罢，这样的"新建伯"不做也罢。

一纸封爵诏书，让淡定的王氏父子几近崩溃，还要在众亲友面前强颜欢笑，悬车之年的老父和知天命之年的儿子以办丧宴般的沉重心情继续着这场寿宴。

宴后，王阳明上疏请辞：不当新建伯。

对于王阳明这种给脸不要脸的行为，朝廷方面表现出了强大的包容：嫌官小？那就往大了封！王阳明往上三代并妻一起追封。是啊，反正是空头支票，开多大不是开呢！

为此，王阳明仍不买账，继续上疏请辞。在上疏中，他将自己两年来的积怨一并发泄了出来，他呼吁朝廷想想那些为平定宁王叛乱而奋斗过的战士们，想想烈士家属；他呼吁朝廷为宁王事件中冤死的冀元亨负点儿责任……

王阳明冒着被朝廷怨恨的风险，撕破脸皮式地呼吁，仍然坚持要一个说法。而在朝廷看来，这是王阳明在用巴掌打朝廷的脸。但是，朝廷对此又表示出了超强大的包容：天要下雨，王阳明要请辞，随他去吧，不听不问不批就是。

可怜堂堂一个伯爵，声泪控诉都不被理会，这该是一个多么卑微的新建伯啊！

王阳明一生，将良知、人心研究到炉火纯青，他的军事才能和其他才能也堪称绝代。但不得不说，他真的不适合玩政治，只是几次不经意的"被参与"，都让他头破血流。

就平叛宁王一事而言，朱厚照不封功，是因为皇帝自己想居功，皇帝身边的江彬、许泰等人想居功，所以轮不到王阳明和他的将士们；新皇帝朱厚熜不封功，不只是因为有人拦着挡着，更是因为朱厚照害得自己爹妈不能认，他不想为这样的堂兄买单，更何况那时的王阳明，还没有在他朱厚熜执政期间立下什么功劳，朱厚熜可以给王阳明名分，却找不到给王阳明实权的理由；至于当时主事的杨廷和不成全此事，是因为他不想让与自己素有嫌隙的王琼翅膀变得更硬；朝廷的其他官员也不张罗此事，因为他们不想为一个不相干的人给自己找麻烦，特别是在风云变幻的政局中，谁也不想"直如弦，死道边"。

算来算去，既然那么多集团和个人的利益都不能舍弃，能牺牲的只能是王阳明和他的将士们的利益。

"深院寂寥群动息，独怜鸟鹊绕枝飞。"圣人的周公梦碎了一地……

蜡炬成灰心未休

那些年，王阳明剿匪、平叛、讲学，样样都做得风生水起。那些年，王阳明成为活跃在大明一线的全能圣人，可是，他的晚年却并未因此变得好过。

人怕出名猪怕壮，声名日隆的王阳明承受最多的是诽谤。

这种灾难从王阳明年轻时立起心学大旗就开始了，王阳明敢冒天下之大不韪与朱子理学分道扬镳，有人说他标新立异，有人说他沽名钓誉，当然，也有人深信这才是真正的圣学。到了王阳明晚年，王学门人还大肆批判朱熹

"曲解经典""误导大众"。这还得了，不知道有多少封建礼教的卫道士和无知的跟风百姓出来指证王阳明"宣传伪学"，同时，关于王阳明的谣言也已经从学术普及到军事和私生活的各个方面："听说王阳明在鄱阳湖战宁王时，眼看明军就要输了，于是，王阳明使唤风神变了风向，结果就赢了。"还有人说："听说王阳明的妻子到现在都没能给他生一儿半女呢，不知道两人谁不行啊？"……

有称赞，也有诋毁，王阳明都照单全收，继续做自己的事。不但如此，每有学生、朋友为自己鸣不平，王阳明还会耐心地劝导他们："谁生来不被议论，谁又生来不议论别人？况且我们和古圣贤的思想不一样，别人有意见也是正常的。但是，你这样辩是辩不赢的，不如把它当作实践圣学的机会，修习动心忍性，心外之事都是浮云。"

一方面，王阳明带着学生们练习心体功夫；另一方面，尘世的风云仍是不止。

有官员干脆以心学为会试题目，借考生之笔攻击王阳明。王阳明仍然乐呵呵地劝学生们："这是在给咱们免费打广告啊，把心学宣传到全国各地。如果我们的学术是对的，就会有更多的人跟随；如果我们的学术还有不完善的地方，那也会有更多的人来质疑它、了解它，然后修正它，不管怎么说都是在将圣学发扬光大啊。"被攻击的日子，王阳明一遍遍地咏良知示诸生，慰藉心灵。

然而，尽管王阳明的弟子们希望世界还王学一个公道，还老师一个公道，尽管王阳明本人也希望着日久见人心，然而上天有时就是难遂人愿。

因为又有人将王阳明恨到了骨子里，这个人想害死王阳明，再把他钉到耻辱柱上，这个人叫桂萼。

说起来，二人虽然没有直接往来，但王阳明也算是桂萼的仕途恩人。桂萼是一个政治投机者，他和张璁一样押对了宝、站对了队，也是借王阳明的心学理论在大礼议中帮了朱厚熜，并因此连连上位成为吏部尚书兼太子少保，赚得个盆满钵满，成为皇帝面前的大红人。但是桂萼是一个没良心的狠角色，

 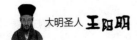

他不但没有感激王阳明，还升起了危机感："光是拾心学牙慧，学了点儿心学的皮毛，自己和张璁就讨得皇帝如此欢心，若是本尊王阳明亲自出手，哪还会有我们的立足之地？"又想："那王阳明凭什么可以如此优秀，家里有钱又有志向，还有个状元老爹，童年快乐，成年有出息，老了还风光无限，同样是人，为什么我要奋斗几十年才能和他坐在一起喝茶？"

想到这里，桂萼心里酸溜溜的。

王阳明不是第一次遭人嫉妒，也不是第一次因嫉妒被整，但是这次，王阳明碰到了一个不折不扣的流氓。

桂萼用了一个流氓惯用的手段：要搞死一个名人，先搞臭他的名声。桂萼不停地在皇帝面前诬陷王阳明"事不师古，言不称师""庸鄙者借其虚声，传习转讹"。这还不够，在日后，桂萼还创造机会，抓住机会，将王阳明诬蔑成了一个"擅离职守"的罪臣。

人的私欲可以如此可怕，怪不得王阳明要用毕生的精力去呼唤良知，他是多么想拯救这迷失的世道人心啊！

王阳明以一颗中正平和的心面对世人有意无意扔来的板砖，反倒是恨他的人，比他还要痛苦，因为他们要忍受着违背良知的煎熬。忆往昔，峥嵘岁月，王阳明为这个时代输入了太多的血液，他早已经把自己看成了万物中的水，善利万物而不争。

五百年前的世界人来人往、利来利往，一位老去的圣人忍着病痛微笑着信步前行，艰难地在刀尖上舞蹈。只是这样的王阳明，他的不幸无人问津，他的剩余价值却仍要被榨取、被燃烧。只是，蜡炬成灰心未休。

撒开手，让发妻去

明嘉靖四年（1525），一位与王阳明息息相关的人过世了，那是他的结发妻子诸氏。

当年妹夫徐爱离世时，王阳明又绝食又哭着说要同去，他也会因为士兵和龙场陌路人的离世而痛哭、写祭文，可是，陪他走过三十八个春秋的妻子离世，王阳明表现得相当平静。

这真的很难不让人怀疑他们的婚姻质量和夫妻关系。

当年王阳明迎娶诸氏时，虽然年少，却也是快到二十岁的小伙子了，不可能不憧憬爱情和男女之事。但是，妙龄女子就等在那，王阳明却在结婚当天和老道士论道去了。除了养生和道家思想玄妙到让王阳明如痴如醉外，也足见这位诸姑娘并不怎么合他的意。

为什么诸家姑娘不合王阳明的意呢？

只能说王阳明太完美了，他一生擅长的东西太多，作诗、写字、打仗、讲学，他又将每一样都做到了极致，他的这些完美让诸氏这个平凡的女子望尘莫及。

王、诸两家虽然门当户对，诸氏也是个有教养的女子，对王阳明三从四德、缝衣侍奉，但可惜，"叹人间美中不足今方信，纵然是举案齐眉，到底意难平"。

婚姻还在，爱情却早就离家出走了，或者说它根本就不曾来过。

婚姻这东西本就奇怪，包办婚姻就更奇怪：没有感情基础的两个人，被安排到一起，同吃同睡，同床异梦。理想的情况是家庭中有了孩子，夫妻双方就多了个沟通的纽带，日久也就生了些情。可偏偏诸氏嫁给王阳明三十八年都没能生养儿女，只领养了王阳明堂弟的一个儿子王正宪。

在那个不流行计划生育的年代，皇帝有几十个龙子龙女，普通人家有三五个儿女，都再正常不过。相比之下，庶出在很多父亲眼里都算不得亲近，更何况是个养子，所以，王阳明虽然对孩子有父子之情，却不可能是多么深厚的感情。

加上王阳明长期在外，要么逃命，要么打仗，与妻儿聚少离多，就使得这个孩子仅仅成为诸氏的精神寄托，却没有成为父母感情的纽带。

王阳明并不是一个禁欲主义者，可是常年与妻子分居，他却没有什么风

流韵事。妻子不生，他没有责备，不闹离婚，也没有以续子嗣的名义纳妾。这可能就是一个圣人的素养吧，他无法爱上自己的妻子，却能尽全力尊重她。

只可怜诸氏就这样成为圣人背后不被记起的女子，她用尽全身力气却换来王阳明的不愿回忆。诸氏到生命的尽头都想不明白，丈夫到底是不爱红装爱武装，还是另有所属？可怜这最初不相识，最终不相认的两个人就这样成了包办婚姻的殉葬者。一个蹉跎了时光，一个遗憾了岁月。

多年之后再去看，我们或许可以如此理解，晚年的王阳明早就悟了生死，他这是效仿偶像庄子：妻子死了，鼓盆而歌，不是不爱，而是大爱。而他与她之间也不是没有爱情，只是灿烂至极归于平淡。

诸氏去世之后，五十多岁的王阳明娶了一位姓张的继室，虽然王阳明的身体已经十分虚弱，但张氏还是在明嘉靖五年（1526）给他生了个儿子王正聪。

老来得子，王阳明连着作了两首诗表达心中的喜悦和对儿子的期望，或许，从他昂扬如"海鹤精神老益强，晚途诗价重圭璋"的诗句中，我们可以看出他对发妻诸氏不孕一事还是有些芥蒂的。

诸氏走了，王阳明也有了自己的亲生骨肉，可是两人之间的纠葛却没有因此结束。王阳明和诸氏也许都想不到，在王阳明也过世后，他们的养子王正宪会因为抢夺财产而挤对还是幼童的王正聪。若不是王阳明生前的好友兼门生黄绾出手相助，将自己的女儿许配给王正聪，订下娃娃亲，并为他改名"王正亿"，还以合法监护人的身份处处罩着他；若不是其他王门学子也在尽力维护王阳明的骨肉，王正聪不知能否幸存。可是，人们在责备王正宪这个"白眼狼"的同时，又可曾想过，是不是这个养子从小跟着养母而没能从养父那里享受到该有的父爱，他愤然争取的到底是财产，还是已逝母亲的公道？

家家有本难念的经，圣人家里也不例外。恩与爱，情与仇，王阳明难以逃避，王阳明身边最亲近的人也难以逃避。多情自古空余恨，但无情更是遭人恨。真正的境界，不是任凭人生长恨水长东，不是完全没有感情，而是在这些复杂感情相纠缠的时候，不执着，仍能持有尊重、理智和良知，仍能相逢一笑泯恩仇。

最后的战役

明嘉靖六年（1527），大明又有摆不平的乱子了：广西地区少数民族"造反"，地方几年都管不了，朝廷也管不了。于是，王阳明的名字又被从"能将簿"中翻了出来：南京兵部尚书兼都察院左都御史，总督两广兼巡抚，出征广西。

收到任命，王阳明二话不说就写了一封"辞职信"：病重，去不了。朝廷方面认为这是王阳明有小情绪，或是惯例托词，倒是很快给了批复：不行。

九月，顶着南方的酷暑，王阳明开始了他有生之年最后一次行军生涯。

在出发路过桐庐钓台时，王阳明在空山烟雾中迎风咳嗽，"仰瞻台上云，俯濯台下水"。想上次路过这里，是押俘虏和正德皇帝朱厚照打太极，两次路过这里都是因为军事，一晃却隔了十年。如今的自己患肺病、足病，一身病，真是不适合再带兵了……可是能怎么办呢？为了那些受苦受难的同胞，只好硬着头皮再上一次了。

一路上，有委屈也有感慨。可是出都出来了，发发牢骚或者表表决心虽然不能让身体好受一些，却可以让心里好过一点儿。把活干好，才是王阳明一贯的宗旨。

王阳明带着药罐子和军队一路行进一路考察，通过侦察情报和仔细分析，他得出了一个结论：这是一场不需要死磕的战斗。

原来，广西当地多是少数民族，自从归顺明太祖后倒也服服帖帖，多年来不过是些首领间的利益纷争。如今他们之所以会公然"叛乱"，和朝廷对着干，主要是因为不满现在朝廷的"改土归流"政策：朝廷撤掉了当地少数民族的原首领，委派流官去监管。大权旁落本来就让当地人感到不舒服，再加上朝廷派去的官员，比如两广巡抚姚镆到了那里一顿胡搞乱搞，不尊重当地民族的风俗习惯、文化传统，生搬硬套强制实行汉化制度，结果就把当地人逼起来反抗了，被朝廷列为要犯的卢苏、王受就是两只"领头羊"。面对反

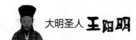

抗，姚镆又血腥镇压，越治越乱，最后烂摊子收拾不了了，只好上报朝廷。

认清了这个复杂局面，王阳明上书向朝廷说明情况：卢苏、王受这些人不是真的想反，他们只是起来反抗一下太过分的压迫，他们的心还是向着朝廷的，也都渴望归顺。我在这里不打算强制出兵收拾他们，只是给他们一点儿小惩罚就可以了，也请朝廷对这些人网开一面。

这份奏疏一到北京就引起了很大的争议，争议还没有结果，"将在外"的王阳明已经拿定了自己的主意：主动撤掉当地守军。

这一举动果然消减了叛军们的抵触心理，没多久，"叛军首领"卢苏和王受就带兵归降。原因很简单，正如王阳明所预料的，他们"并不是真的想造反"。

不到两个月的时间，没费一兵一卒，思恩、田州地区持续了三年的叛乱就这样被王阳明平息了。王阳明再一次成为大明王朝可利用的救命稻草，本着"趁热打铁"的原则，他又被派去平八寨和断藤峡少数民族之乱。王阳明再一次以最小的代价，实现了最好的战争结果，再一次化腐朽为神奇。

为此，他也不无得意地作了《破断藤峡》和《平八寨》两首诗来表达自己的满心喜悦：

绕看干羽格苗夷，忽见风雷起战旗。

六月徂征非得已，一方流毒已多时。

迁宾玉石分须早，聊庆云霓怨莫迟。

嗟尔有司惩既往，好将恩信抚遗黎。

见说韩公破此蛮，貔貅十万骑连山。

而今止用三千卒，遂尔收功一月间。

岂是人谋能妙算？偶逢天助及师还。

穷搜极讨非长计，须有恩威化梗顽。

当然，王阳明比谁都清楚，战事上的赢只是治标，要解决广西地区的问题还得治本。为此，王阳明不但积极安抚当地居民，恩威并重，讲清利害关系，去除之前姚镆强加的一些"霸王条款"，还上书申请制定了一些因地制宜的政策，希望实现少数民族与朝廷的完美融合。好在，朝廷也同意了其中的大部分建议。

总之，王阳明又为国为民做了一件大事、好事。

可是，等待他的又将是什么呢？

此心光明，此生光明

结束了广西地区的战役，王阳明的身体状况也到了最低谷。

入仕初期，因为格竹而落下病根的王阳明就挨了刘瑾的板子，被丢进锦衣卫潮湿阴冷的大狱。伤痕未愈，王阳明又被"发配"，一路上风餐露宿不说，还要上山下水逃避杀手的追杀。到了龙场，王阳明又只能住破屋山洞，吃野生果蔬。身心长年受着折磨，营养和医疗条件都跟不上，王阳明错过了疗养的最佳时机，又积下了更多的病症。再出仕，王阳明剿匪、平叛，南方潮湿的气候加上生活规律被打乱，还要经常穿着重达几十斤的战甲，这些都成为致命硬伤作用在了王阳明的身体上。

王阳明注重知行合一，无论是带兵还是做人，他都能够做到知行合一，唯独在健康这个问题上，他确实没能知行合一。他十几岁接触老道士就懂得养生，也重视养生，可是长年行走疆场，让他没有那么多精力关注自己的身体状况，五十几岁就像个七八十岁的病重老人一样。

乱平了，豪情的诗也吟了，疼痛再也无处藏身，可叹"长生徒有慕，苦乏大药资"。王阳明只好用"千圣皆过影，良知乃吾师"来慰藉自己。

更可叹的是，"百战归来一病身，可看时事更愁人"。

平定了广西叛乱，王阳明上书给将士们请赏，这次他又"享受"到了朝廷"卸磨杀驴"的待遇：平思恩、田州赏王阳明银五十两，丝四匹；至于八寨、断藤峡，上面干脆提都没提。至此，嘉靖皇帝对百官的信任可见一斑：他自己做不到的，便也认为别人做不到，因此，王阳明一定是在冒邀军功。

碍于皇权威严，又有嫉妒或者自保心作祟，竟然没人为王阳明说上几句

公道话。看来死守德行的人，不代表就会有德行；看来政治始终是政治，在政治面前，公道何其苍白。

明嘉靖七年（1528）十月初十，王阳明忍着剧痛给皇帝写了一封长长的《乞恩暂容回籍就医养病疏》，他说自己炎症日重，全身肿毒，昼夜喘咳，每天只能强吞稀粥数勺，稍多一点儿就会呕吐，希望朝廷允许自己返回故乡养病。这封情真意切的奏疏被桂萼拦下了，不知内情的王阳明迟迟等不到回复。

但这一回，王阳明不打算再等领导批假了，像是知道自己大限已至、人之将死，是那么思恋故人、故土，甚至故乡的飞鸟，王阳明安排好了手上的工作，启程东归。

行至广东省，趁着微弱的力气，王阳明去增城祭祀五世祖王纲，也造访了增城湛若水的故居。两人曾一见如故，都怀着一颗寻找圣学的心，而后，虽然学术有分歧，人事有离分，可是这份友情又怎么能说淡就淡了呢？

在友人故居，王阳明留下了生命中最后的两首诗：

　　题甘泉居

我闻甘泉居，近连菊坡麓。

十年劳梦思，今来快心目。

徘徊欲移家，山南尚堪屋。

渴饮甘泉泉，饥餐菊坡菊。

行看罗浮云，此心聊复足。

　　书泉翁壁

我祖死国事，肇禋在增城。

荒祠幸新复，适来奉初蒸。

亦有兄弟好，念言思一寻。

苍苍蒹葭色，宛隔环瀛深。

入门散图史，想见抱膝吟。

贤郎敬父执，童仆意相亲。

病躯不遑宿，留诗慰殷勤。

落落千百载，人生几知音？

道通著形迹，期无负初心！

闭上眼，全是回忆，时光倒回数年前，他与湛若水拉着手说"原来你也在这里"。睁开眼，人生还是如初见。

出广东时，王阳明已经形如枯槁，行动不便，王阳明弟子广东布政使王大用为他送行，送完了水路送山路，一程又一程，直送到江西南安府。到达南安，王阳明向前来接他的学生南安府推官周积说的第一句话就是："近来学问怎么样，可有长进？"

置身江西这片再熟悉不过的土地，王阳明有了一种前所未有的平和与归属感。在路过南安青龙镇丫山时，王阳明还在弟子的陪护下，去山上灵岩寺参访。那时，寺中刚好有一位高僧坐化不久，几经交涉，王阳明看到了寺中密室案上的偈语：

五十七年王守仁，启吾钥，拂吾尘，问君欲识前程事，开门即是闭门人。

是啊，到了该归去的时候了，尘寰中消长有定数，何必枉悲伤。

众人又把王阳明抬到船上，接下来的路，王阳明已经处于昏迷状态了。船行到青龙铺，王阳明突然睁开眼睛，脸色也一下子好了起来。周积知道这是回光返照，他贴到老师身前问："老师，您想说什么？"王阳明微笑着动了动嘴唇："此心光明，亦复何言？"

明嘉靖七年（1528）十一月二十九日辰时，公历1529年1月9日早8时，在江西南安府大庾县青龙码头，王阳明结束了他五十七年的传奇人生。王阳明在他奉献过的第二故乡江西，齐了生，齐了死，齐了良知，也齐了万物。

"万里风尘一剑当，万山冬色送归航！"

今日一别，君再来

水上是沙鸥乱雪风，岸上是冰霜缘径滑。棺椁一路过江西往浙江，江西百姓哭作一团，想起王阳明的种种好，想起王阳明的种种恩，想起王阳明的种种悲，这些没有权力为他说话的百姓只能选择为他披麻戴孝，为他痛哭。

王阳明的弟子与朋友们更是哭得一塌糊涂。

曾经王阳明也是这样含着悲痛下葬三位异乡客，还流泪为他们写下瘗旅祭文。后来，他活着走出了那片土地，还实现了自己的理想。他也说过，无论自己魂归哪里，都希望那三个人能在另一个世界过上幸福快乐的生活。而如今，他们在另一个国度会不会重聚呢？会不会一起乘着龙虎驾的车子遨游呢？

曾经王阳明为永顺、宝靖的士兵写过一篇祭文，他在祭文中写道："人孰无死，岂必穷乡绝域能死人乎？今人不出户庭，或饮食伤多，或逸欲过节，医治不痊，亦死矣。今尔等之死，乃因驱驰国事，捍患御侮而死，盖得其死所矣。古人之固有愿以马革裹尸，不愿死于妇人女子之手者。若尔等之死，真无愧于马革裹尸之言矣。呜呼壮士！尔死何憾乎？"

王阳明敬他们为国捐躯，怜他们英年早逝，他为他们哭道"临文凄怆，涕下沾臆"。而如今，到了别人为王阳明说一声"尔若有灵，尚知之乎？呜呼哀哉！"的时候了。在另一个没有战争和屠戮的世界，那些士兵会不会赶来听王阳明讲"良知即是天植灵根"？

此时的王阳明静静地躺在那里，全身冰凉却神色安详，这一生，他该做的事都做了，所有的壮志也都酬了，经历了宦海沉浮与人事变迁，在这个年纪离开纵然有些早，可是他无悲、无喜、无怨、无悔。

王阳明走了，再不用写什么请假条，再不用打什么辞职报告，他自由了，可以魂归故里了。把战争与动乱全都抛撒，这一帆风雨归家路，父老乡亲们，兄弟姐妹们，亲爱的学生们，请允许我再暖暖地说上几句："都散了吧，休把我悬念，自古生死皆有定，离合岂无缘？从今分两地，各自保平安。"

转过一条条街角，别过一个个长亭，王阳明回家的路近了，更近了……他生前难回的家，终于就在眼前了。

只是这个家，母亲很早就走了，父亲走了，祖母走了，祖父走了，发妻也走了，王阳明住在了他生前选中的那个"家"里：那个位于绍兴离兰亭约五里的青山之间的墓地。尝尽了人间愁苦的王阳明，早就想在这山林里歇歇了，青山也因此有幸埋圣骨。

没有朝廷的谥号，也没有官方派来的官员，只有一千多个从各地赶来的弟子，他们痛哭，他们默哀，他们久久伫立在那个仅碑刻有"明王阳明先生之墓"的坟前，不愿离去。

山谷深处传来暖暖的声音，那是老师讲学的声音，也是大家放歌纵酒论学的声音。王阳明微笑着说："我来到这个世上，就没打算活着回去。为师向来教育你们要严谨，所以千万别把我的名字刻错哦。"

王阳明走了，走在弟子与百姓的不舍中，也走在朝廷的漠视中。但朝廷有一件事还是有效率的，那就是在他尸骨未寒之际，加给他莫须有的罪名：传播伪学，擅离职守，欺君罔上。死后的王阳明连那个他用生命换来的"新建伯"的虚名都被剥夺了，不能说不凄惨。

然而，历史总是"天理循环，天公地道"，正德皇帝朱厚照欠王阳明的公正，嘉靖皇帝朱厚熜欠王阳明的公道，由下一位隆庆皇帝朱载垕在四十年后还给了王阳明，他为王阳明平反，追赠"新建侯"，追谥"文成"。

于逝者，王阳明从没有在意这些，就像他从来没有想过自己为国鞠躬尽瘁到底值不值。

于生者，忠义圣贤王阳明品质可嘉，若他一直蒙冤，该损折多少民族精神，这份迟来的公正带给世人的不只是安慰，还有希望。

建立了不朽功业的王阳明，凭借其传奇人生经历和伟大的心学成就，成为思想史上的巨擘，以及普通百姓甘心膜拜的精神导师、灵魂导师、行动导师。一本记录王阳明与弟子讲学笔记的《传习录》，成为人们的心灵圣经。在浮躁的现代社会，王阳明的"心外无理""知行合一"仍能帮助人们除去心中之贼，实现自我道德修养与人格完满，到达天人合一的洒脱之境。

王阳明是救世之人，更是救人心之人，不管圣人是生是死，他都从未离开。

待到春至时，踏花铺出的好路，听鸟啼的好声，无论是九江风浪还是五老烟云，四海之情未曾忘，阳明未若归去来……

人生如梦，好一樽还酹江月。

附录 《传习录》精选

　　《传习录》，最初始于徐爱必生所愿，甚至临终意愿，最终形成于王门众弟子的不懈努力。它是对王阳明讲学问答和书信集的记录，更是阳明心学的精髓，可称"王门《论语》"。

　　传习，传习，传不习乎。钱穆先生把《传习录》归为七本"中国人所必读的书"之一。

（一）

　　至善是心之本体。

（二）

　　爱曰："闻先生如此说，爱已觉有省悟处。但旧说缠于胸中，尚有未脱然者。如事父一事，其间温清定省之类，有许多节目，不知亦须讲求否？"

　　先生曰："如何不讲求？只是有个头脑。只是就此心去人欲、存天理上讲求。就如讲求冬温，也只是要尽此心之孝，恐怕有一毫人欲间杂；讲求夏清，也只是要尽此心之孝，恐怕有一毫人欲间杂，只是讲求得此心。此心若无人欲，纯是天理，是个诚于孝亲的心，冬时自然思量父母的寒，便自要去求个温的道理；夏时自然思量父母的热，便自要去求个清的道理。这都是那诚孝的心发出来的条件。却是须有这诚孝的心，然后有这条件发出来。譬之树木，这诚孝的心便是根，许多条件便是枝叶。须先有根，然后有枝叶。不是先寻了枝叶，然后去种根。《礼记》言：'孝子之有深爱者，必有和气。有和气者，必有愉色。有愉色者，必有婉容。'须是有个深爱做根，便自然如此。"

（三）

先生曰："此却失了古人宗旨也。某尝说，知是行的主意，行是知的功夫；知是行之始，行是知之成。若会得时，只说一个知，已自有行在；只说一个行，已自有知在。古人所以既说一个知，又说一个行者，只为世间有一种人，懵懵懂懂的任意去做，全不解思惟省察，也只是个冥行妄作，所以必说个知，方才行得是。又有一种人，茫茫荡荡，悬空去思索，全不肯着实躬行，也只是个揣摸影响，所以必说一个行，方才知得真。此是古人不得已补偏救弊的说话，若见得这个意时，即一言而足。今人却就将知行分作两件去做，以为必先知了，然后能行。我如今且去讲习讨论做知的工夫，待知得真了，方去做行的工夫，故遂终身不行，亦遂终身不知。此不是小病痛，其来已非一日矣。某今说个知行合一，正是对病的药，又不是某凿空杜撰。知行本体原是如此。今若知得宗旨时，即说两个亦不妨，亦只是一个；若不会宗旨，便说一个，亦济得甚事？只是闲说话。"

（四）

性是心之体，天是性之原，尽心即是尽性。

（五）

爱昨晓思，格物的"物"字，即是"事"字。皆从心上说。

先生曰："然。身之主宰便是心，心之所发便是意，意之本体便是知，意之所在便是物。如意在于事亲，即事亲便是一物。意在于事君，即事君便是一物。意在于仁民爱物，即仁民爱物便是一物。意在于视听言动，即视听言动便是一物。所以某说无心外之理，无心外之物。"

（六）

知是心之本体，心自然会知。见父自然知孝，见兄自然知弟，见孺子入井，自然知恻隐，此便是良知，不假外求。若良知之发，更无私意障碍，即所谓"充其恻隐之心，而仁不可胜用矣"。然在常人不能无私意障碍，所以须用"致知""格物"之功，胜私复理。即心之良知更无障碍，得以充塞流行，便是致其知，知致则意诚。

（七）

知者行之始，行者知之成。圣学只一个功夫，知行不可分作两事。

（八）

虚灵不昧，众理具而万事出。心外无理，心外无事。

（九）

或问："晦庵先生曰：'人之所以为学者，心与理而已。'此语如何？"

曰："心即性，性即理，下一'与'字，恐未免为二，此在学者善观之。"

（十）

省察是有事时存养，存养是无事时省察。

（十一）

澄问："有人夜怕鬼者，奈何？"

先生曰："只是平日不能'集义'而心有所慊，故怕。若素行合于神明，何怕之有？"

子莘曰："正直之鬼不须怕；恐邪鬼不管人善恶，故未免怕。"

先生曰："岂有邪鬼能迷正人乎？只此一怕，即是心邪。故有迷之者，非鬼迷也，心自迷耳。如人好色，即是色鬼迷；好货，即是货鬼迷；怒所不当怒，是怒鬼迷；惧所不当惧，是惧鬼迷也。”

（十二）

问：“身之主为心，心之灵明是知，知之发动是意，意之所着为物。是如此否？”

先生曰：“亦是。”

（十三）

只存得此心常见在，便是学。过去未来事，思之何益？徒放心耳！言语无序，亦足以见心之不存。

（十四）

心之本体，原自不动。心之本体即是性，性即是理。性元不动，理元不动。集义是复其心之本体。

（十五）

心外无物，如吾心发一念孝亲，即孝亲便是物。

（十六）

只说“明明德”而不说“亲民”，便似老、佛。

（十七）

问：“程子云，‘仁者以天地万物为一体。’何墨氏‘兼爱’，反不得谓之仁？”

先生曰：“此亦甚难言，须是诸君自体认出来始得。仁是造化生生不息之理，虽弥漫周遍，无处不是，然其流行发生，亦只有个渐，所以生生不息。如冬至一阳生，必自一阳生，而后渐渐至于六阳；若无一阳之生，岂有

 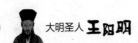

六阳？阴亦然。惟其渐，所以便有个发端处；惟其有个发端处，所以生；惟其生，所以不息。譬之木，其始抽芽，便是木之生意发端处，抽芽然后发干，发干然后生枝生叶，然后是生生不息。若无芽，何以有干有枝叶？能抽芽，必是下面有个根在。有根方生，无根便死。无根何从抽芽？父子、兄弟之爱，便是人心生意发端处，如木之抽芽，自此而仁民，而爱物，便是发干生枝生叶。墨氏‘兼爱’‘无差等’，将自家父子、兄弟与途人一般看，便自没了发端处。不抽芽，便知得他无根，便不是生生不息，安得谓之仁？孝弟为仁之本，却是仁理从里面发生出来。”

（十八）

心之本体即是天理。

（十九）

故虽凡人，而肯为学，使此心纯乎天理，则亦可为圣人，犹一两之金，此之万镒，分两虽悬绝，而其到足色处可以无愧。故曰“人皆可以为尧、舜”者以此。学者学圣人，不过是去人欲而存天理耳，犹炼金而求其足色。金之成色所争不多，则锻炼之工省而功易成，成色愈下则锻炼愈难。人之气质清浊粹驳，有中人以上、中人以下，其于道有生知安行、学知利行，其下者必须人一己百、人十己千，及其成功则一。

后世不知作圣之本是纯乎天理，却专去知识才能上求圣人，以为圣人无所不知，无所不能，我须是将圣人许多知识才能逐一理会始得。故不务去天理上着工夫，徒弊精竭力，从册子上钻研、名物上考索、形迹上比拟。知识愈广而人欲愈滋，才力愈多而天理愈蔽。正如见人有万镒精金，不务锻炼成色，求无愧于彼之精纯，而乃妄希分两，务同彼之万镒，锡铅铜铁杂然而投，分两愈增而成色愈下，既其梢末，无复有金矣。

时曰仁在傍，曰：“先生此喻，足以破世儒支离之惑，大有功于后学。”

先生又曰：“吾辈用功，只求日减，不求日增。减得一分人欲，便是复得一分天理，何等轻快脱洒！何等简易！"

（二十）

侃去花间草，因曰："天地间何善难培，恶难去？"

先生曰："未培未去耳。"少间，曰："此等看善恶，皆从躯壳起念，便会错。"

侃未达。

曰："天地生意，花草一般，何曾有善恶之分？子欲观花，则以花为善，以草为恶；如欲用草时，复以草为善矣。此等善恶，皆由汝心好恶所生，故知是错。"

曰："然则无善无恶乎？"

曰："无善无恶者理之静，有善有恶者气之动。不动于气，即无善无恶，是谓至善。"

曰："佛氏亦无善无恶，何以异？"

曰："佛氏着在无善无恶上，便一切都不管，不可以治天下。圣人无善无恶，只是'无有作好'，'无有作恶'，不动于气。然'遵王之道'，'会其有极'，便自一循天理，便有个裁成辅相。"

曰："草既非恶，即草不宜去矣。"

曰："如此却是佛、老意见。草若是碍，何妨汝去？"

曰："如此又是作好作恶。"

曰："不作好恶，非是全无好恶，却是无知觉的人。谓之不作者，只是好恶一循于理，不去又着一分意思。如此，即是不曾好恶一般。"

曰："去草如何是一循于理，不着意思？"

曰："草有妨碍，理亦宜去，去之而已。偶未即去，亦不累心。若着了一分意思，即心体便有贻累，便有许多动气处。"

曰："然则善恶全不在物？"

曰："只在汝心。循理便是善，动气便是恶。"

曰："毕竟物无善恶？" (四十一)

曰："在心如此，在物亦然。世儒惟不知此，舍心逐物，将格物之学看错了，终日驰求于外，只做得个'义袭而取'，终身行不著，习不察。"

曰："'如好好色，如恶恶臭'，则如何？"

曰："此正是一循于理，是天理合如此，本无私意作好作恶。"

曰："'如好好色，如恶恶臭'，安得非意？"

曰："却是诚意，不是私意。诚意只是循天理。虽是循天理，亦着不得一分意。故有所忿懥、好乐，则不得其正。须是廓然大公，方是心之本体。知此，即知未发之中。"

伯生曰："先生云：'草有妨碍，理亦宜去。'缘何又是躯壳起念？"

曰："此须汝心自体当。汝要去草，是甚么心？周茂叔窗前草不除，是甚么心？"

（二十一）

悔悟是去病之药，然以改之为贵。若留滞于中，则又因药发病。

（二十二）

后儒不明圣学，不知就自己心地良知良能上体认扩充，却去求知其所不知，求能其所不能，一味只是希高慕大，不知自己是桀、纣心地，动辄要做尧、舜事业，如何做得？终年碌碌，至于老死，竟不知成就了个甚么，可哀也已！

（二十三）

我此论学，是无中生有的工夫。诸公须要信得及，只是立志。学者一念为善之志，如树之种，但勿助勿忘，只管培植将去，自然日夜滋长，生气日完，枝叶日茂。树初生时，便抽繁枝，亦须刊落，然后根干能大。初学时亦然，故立志贵专一。

（二十四）

为学工夫有浅深。初时若不着实用意去好善恶恶，如何能为善去恶？这着实用意便是诚意。然不知心之本体原无一物，一向着意去好善恶恶，便又多了这分意思，便不是廓然大公。《书》所谓"无有作好作恶"，方是本体。所以说"有所忿懥好乐则不得其正"。正心只是诚意工夫，里面体当自家心体，常要鉴空衡平，这便是未发之中。

（二十五）

无事时固是独知，有事时亦是独知。人若不知于此独知之地用力，只在人所共知处用功，便是作伪，便是"见君子而后厌然"。此独知处便是诚的萌芽。此处不论善念恶念，更无虚假，一是百是，一错百错。正是王霸、义利、诚伪、善恶界头。于此一立立定，便是端本澄源，便是立诚。古人许多诚身的工夫，精神命脉，全体只在此处。真是莫见莫显，无时无处，无终无始，只是此个工夫。今若又分戒惧为己所不知，即工夫便支离，亦有间断。既戒惧即是知，己若不知，是谁戒惧？如此见解，便要流入断灭禅定。

（二十六）

先生曰："'美色令人目盲，美声令人耳聋，美味令人口爽，驰骋田猎令人发狂'，这都是害汝耳、目、口、鼻、四肢的，岂得是为汝耳、目、口、鼻、四肢？若为着耳、目、口、鼻、四肢时，便须思量耳如何听，目如何视，口如何言，四肢如何动。必须非礼勿视、听、言、动，方才成得个耳、目、口、鼻、四肢，这个才是为着耳、目、口、鼻、四肢。汝今终日向外驰求，为名、为利，这都是为着躯壳外面的物事。汝若为着耳、目、口、鼻、四肢，要非礼勿视、听、言、动时，岂是汝之耳、目、口、鼻、四肢自能勿视、听、言、动？须由汝心。这视、听、言、动皆是汝心。汝心之视发窍于目，汝心之听发窍于耳，汝心之言发窍于口，汝心之动发窍于四肢。若无汝心，便无耳、目、口、鼻。所谓汝心，亦不专是那一团血肉。若是那一团血肉，如今

大明圣人王阳明

已死的人，那一团血肉还在，缘何不能视、听、言、动？所谓汝心，却是那能视、听、言、动的，这个便是性，便是天理。有这个性才能生。这性之生理便谓之仁。这性之生理，发在目便会视，发在耳便会听，发在口便会言，发在四肢便会动，都只是那天理发生，以其主宰一身，故谓之心。这心之本体，原只是个天理，原无非礼。这个便是汝之真己，这个真己是躯壳的主宰。若无真己，便无躯壳。真是有之即生，无之即死。"

（二十七）

萧惠好仙、释。先生警之曰："吾亦自幼笃志二氏，自谓既有所得，谓儒者为不足学。其后居夷三载，见得圣人之学若是其简易广大，始自叹悔错用了三十年气力。"

（二十八）

知之真切笃实处即是行，行之明觉精察处即是知。知行工夫本不可离，只为后世学者分作两截用功，先却知行本体，故有合一并进之说。真知即所以为行，不行不足谓之知。即如来书所云"知食乃食"等说可见，前已略言之矣。此虽吃紧救弊而发，然知行之体本来如是，非以己意抑扬其间，姑为是说，以苟一时之效者也。

（二十九）

夫物理不外于吾心，外吾心而求物理，无物理矣；遗物理而求吾心，吾心又何物邪？心之体，性也，性即理也。故有孝亲之心即有孝之理，无孝亲之心即无孝之理矣；有忠君之心即有忠之理，无忠君之心即无忠之理矣。理岂外于吾心邪？晦庵谓"人之所以为学者，心与理而已。心虽主乎一身而实管乎天下之理，理虽散在万事而实不外乎一人之心"，是其一分一合之间，而未免已启学者心、理为二之弊。此后世所以有"专求本心、遂遗物理"之患，正由不知心即理耳。夫外心以求物，是以有暗而不达之处，此告子"义外"

之说，孟子所以谓之不知义也。心一而已，以其全体恻怛而言谓之仁，以其得宜而言谓之义，以其条理而言谓之理。不可外心以求仁，不可外心以求义，独可外心以求理乎？外心以求理，此知、行之所以二也。求理于吾心，此圣门知行合一之教，吾子又何疑乎？

（三十）

心一而已，以其全体恻怛而言谓之仁，以其得宜而言谓之义，以其条理而言谓之理。不可外心以求仁，不可外心以求义，独可外心以求理乎？外心以求理，此知、行之所以二也。求理于吾心，此圣门知行合一之教，吾子又何疑乎？

（三十一）

夫心之体，性也；性之原，天也。能尽其心，是能尽其性矣。

（三十二）

朱子所谓格物云者，在即物而穷其理也。即物穷理是就事事物物上求其所谓定理者也，是以吾心而求理于事事物物之中，析心与理而为二矣。夫求理于事事物物者，如求孝之理于其亲之谓也。求孝之理于其亲，则孝之理其果在于吾之心邪？抑果在于亲之身邪？假而果在于亲之身，则亲没之后，吾心遂无孝之理欤？见孺子之入井，必有恻隐之理，是恻隐之理果在于孺子之身欤？抑在于吾心之良知欤？其或不可以从之于井欤？其或可以手而援之欤？是皆所谓理也。是果在于孺子之身欤？抑果出于吾心之良知欤？以是例之，万事万物之理莫不皆然，是可以知析心与理为二之非矣。夫析心与理而为二，此告子义外之说，孟子之所深辟也。务外遗内，博而寡要，吾子既已知之矣，是果何谓而然哉？谓之玩物丧志，尚犹以为不可欤？

若鄙人所谓致知格物者，致吾心之良知于事事物物也。吾心之良知，即所谓天理也，致吾心良知之天理于事事物物，则事事物物皆得其理矣。致吾

 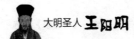

心之良知者，致知也。事事物物皆得其理者，格物也。是合心与理而为一者也。合心与理而为一，则凡区区前之所云，与朱子晚年之论，皆可以不言而喻矣。

（三十三）

心者，身之主也，而心之虚灵明觉，即所谓本然之良知也。其虚灵明觉之良知应感而动者，谓之意。有知而后有意，无知则无意矣。知非意之体乎？意之所用必有其物，物即事也。如意用于事亲，既事亲为一物；意用于治民，即治民为一物；意用于读书，即读书为一物；意用于听讼，即听讼为一物。凡意之所用，无有无物者。有是意即有是物，无是意即无是物矣，物非意之用乎？

（三十四）

"格"字之义，有以"至"字训者，如"格于文祖""有苗来格"，是以"至"训者也。然"格于文祖"，必纯孝诚敬，幽明之间无一不得其理，而后谓之"格"。有苗之顽，实以文德诞敷而后"格"，则亦兼有"正"字之义在其间，未可专以"至"字尽之也。如"格其非心""大臣格君心之非"之类，是则一皆"正其不正以归于正"之义，而不可以"至"字为训矣。且《大学》"格物"之训，又安知其不以"正"字为训，而必以"至"字为义乎？如以"至"字为义者，必曰"穷至事物之理"，而后其说始通。是其用功之要全在一"穷"字，用力之地全在一"理"字也。若上去一"穷"、下去一"理"字，而直曰"致知在至物"，其可通乎？夫"穷理尽性"，圣人之成训，见于《系辞》者也。苟格物之说而果即穷理之义，则圣人何不直曰"致知在穷理"，而必为此转折不完之语，以启后世之弊邪？

（三十五）

良知良能，愚夫愚妇与圣人同。但惟圣人能致其良知，而愚夫愚妇不能致，此圣愚之所由分也。

（三十六）

吾子谓："语孝于温清定省，孰不知之？"然而能致其知者鲜矣。若谓粗知温清定省之仪节，而遂谓之能致其知，则凡知君之当仁者，皆可谓之能致其仁之知；知臣之当忠者，皆可谓之能致其忠之知，则天下孰非致知者邪？以是而言可以知致知之必在于行，而不行之不可以为致知也明矣。知行合一之体，不益较然矣乎？

夫舜之不告而娶，岂舜之前已有不告而娶者为之准则，故舜得以考之何典、问诸何人而为此邪？抑亦求诸其心，一念之良知，权轻重之宜，不得已而为此邪？武之不葬而兴师，岂武之前已有不葬而兴师者为之准则，故武得以考之何典、问诸何人而为此邪？抑亦求诸其心一念之良知，权轻重之宜，不得已而为此邪？使舜之心而非诚于为无后，武之心而非诚于为救民，则其不告而娶与不葬而兴师，乃不孝不忠之大者。而后之人不务致其良知，以精察义理于此心感应酬酢之间，顾欲悬空讨论此等变常之事，执之以为制事之本，以求临事之无失，其亦远矣。其余数端，皆可类推，则古人致知之学，从可知矣。

（三十七）

《易》曰："君子多识前言往行，以畜其德。"夫以畜其德为心，则凡多识前言往行者，孰非畜德之事？此正知行合一之功矣。"好古敏求"者，好古人之学，而敏求此心之理耳。心即理也。学者学此心也，求者求此心也。孟子云："学问之道无他，求其放心而已矣。"非若后世广记博诵古人之言词以为好古，而汲汲然惟以求功名利达之具于其外者也。"博学审问"，前言已尽。"温故知新"，朱子亦以温故属之尊德性矣。德性岂可以外求哉？惟夫知新必由于温故，而温故乃所以知新，则亦可以验知行之非两节矣。"博学而详说之"者，将以反说约也。若无反约之云，则博学详说者果何事邪？舜之"好问好察"，惟以用中而致其精一于道心耳。道心者，良知之谓也。君子之学，何尝离去事为而废论说？但其从事于事为论说者，要皆知行合一之功，正所以致其本心之良知，而非若世之徒事口耳谈说以为知者，分知行为两事，而果有节目先后之可言也。

（三十八）

盖其心学纯明，而有以全其万物一体之仁，故其精神流贯，志气通达，而无有乎人己之分，物我之间。譬之一人之身，目视、耳听、手持、足行，以济一身之用。目不耻其无聪，而耳之所涉，目必营焉；足不耻其无执，而手之所探，足必前焉。盖其元气充周，血脉条畅，是以痒疴呼吸，感触神应，有不言而喻之妙。此圣人之学所以至易至简，易知易从，学易能而才易成者，正以大端惟在复心体之同然，而知识技能，非所与论也。

（三十九）

天理只是一个，更有何可思虑得？天理原自寂然不动，原自感而遂通。学者用功，虽千思万虑，只是要复他本来体用而已，不是以私意去安排思索出来。故明道云："君子之学，莫若廓然而大公，物来而顺应。"若以私意去安排思索，便是用智自私矣。"何思何虑"正是工夫，在圣人分上便是自然的，在学者分上便是勉然的。

（四十）

自己良知原与圣人一般，若体认得自己良知明白，即圣人气象不在圣人而在我矣。

（四十一）

良知者心之本体，即前所谓恒照者也。心之本体无起无不起。虽妄念之发，而良知未尝不在，但人不知存，则有时而或放耳。虽昏塞之极，而良知未尝不明，但人不知察，则有时而或蔽耳。虽有时而或放，其体实未尝不在也，存之而已耳。虽有时而或蔽，其体实未尝不明也，察之而已耳。若谓良知亦有起处，则是有时而不在也，非其本体之谓矣。

（四十二）

夫良知一也，以其妙用而言谓之神，以其流行而言谓之气，以其凝聚而言谓之精。

（四十三）

理无动者也。常知、常存、常主于理，即不睹不闻、无思无为之谓也。不睹不闻、无思无为，非槁木死灰之谓也。睹闻思为一于理，而未尝有所睹闻思为，即是动而未尝动也。所谓"动亦定，静亦定"，体用一原者也。

（四十四）

春夏此不息，秋冬此不息，皆可谓之阳、谓之动也。春夏此常体，秋冬此常体，皆可谓之阴、谓之静也。自元、会、运、世、岁、月、日、时，以至刻、秒、忽、微，莫不皆然。所谓"动静无端，阴阳无始"，在知道者默而识之，非可以言语穷也。若只牵文泥句，比拟仿像，则所谓"心从《法华》转，非是转《法华》"矣。

（四十五）

来书云："夫子昨以良知为照心。窃谓良知，心之本体也；照心，人所用功，乃戒慎恐惧之心也，犹思也。而遂以戒慎恐惧为良知，何欤？"

能戒慎恐惧者，是良知也。

（四十六）

戒惧克治即是"常提不放"之功，即是"必有事焉"，岂有两事邪？此

 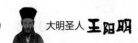

节所问，前一段已自说得分晓，末后却是自生迷惑，说得支离，及有"本来面目，未达一间"之疑，都是自私自利、将迎意必之为病。去此病，自无此疑矣。

（四十七）

学者学循此良知而已。谓之知学，只是知得专在学循良知。

（四十八）

所谓生知安行，"知行"二字亦是就用功上说。若是知行本体即是良知良能，虽在困勉之人，亦皆可谓之生知安行矣。"知行"二字更宜精察。

（四十九）

良知不由见闻而有，而见闻莫非良知之用。故良知不滞于见闻，而亦不离于见闻。孔子云："吾有知乎哉？无知也。"良知之外，别无知矣。故致良知是学问大头脑，是圣人教人第一义。今云专求之见闻之末，则是失却头脑，而已落在第二义矣。

（五十）

盖日用之间，见闻酬酢，虽千头万绪，莫非良知之发用流行；除却见闻酬酢，亦无良知可致矣。

（五十一）

良知发用之思，自然明白简易，良知亦自能知得。若是私意安排之思，自是纷纭劳扰，良知亦自会分别得。盖思之是非邪正，良知无有不自知者。所以认贼作子，正为致知之学不明，不知在良知上体认之耳。

（五十二）

盖良知之在人心，亘万古，塞宇宙，而无不同。

（五十三）

夫学贵得之心，求之于心而非也，虽其言之出于孔子，不敢以为是也，而况其未及孔子者乎？求之于心而是也，虽其言之出于庸常，不敢以为非也，而况其出于孔子者乎？

（五十四）

夫道，天下之公道也；学，天下之公学也，非朱子可得而私也，非孔子可得而私也。天下之公也，公言之而已矣。

（五十五）

夫人者，天地之心，天地万物本吾一体者也。生民之困苦荼毒，孰非疾痛之切于吾身者乎？不知吾身之疾痛，无是非之心者也。是非之心，不虑而知，不学而能，所谓良知也。良知之在人心，无间于圣愚，天下古今之所同也。世之君子，惟务致其良知，则自能公是非，同好恶，视人犹己，视国犹家，而以天地万物为一体，求天下无治不可得矣。古之人所以能见善不啻若己出，见恶不啻若己入，视民之饥溺犹己之饥溺，而一夫不获，若己推而纳诸沟中者，非故为是而以蕲天下之信己也，务致其良知求自慊而已矣。尧、舜、三王之圣，言而民莫不信者，致其良知而言之也；行而民莫不说者，致其良知而行之也。是以其民熙熙皥皥，杀之不怨，利之不庸。施及蛮貊，而凡有血气者莫不尊亲，为其良知之同也。呜呼！圣人之治天下，何其简且易哉！

（五十六）

盖良知只是一个天理自然明觉发见处，只是一个真诚恻怛便是他本体。故致此良知之真诚恻怛以事亲便是孝，致此真知之真诚恻怛以从兄便是弟，致此真知之真诚恻怛以事君便是忠。只是一个良知，一个真诚恻怛。若是从兄的良知不能致其真诚恻怛，即是事亲的良知不能致其真诚恻怛矣；事君的

良知不能致其真诚恻怛，即是从兄的良知不能致其真诚恻怛矣。故致得事君的良知，便是致却从兄的良知；致得从兄的良知，便是致却事亲的良知。不是事君的良知不能致，却须又从事亲的良知上去扩充将来。如此，又是脱却本原，着在支节上求了。良知只是一个，随他发见流行处，当下具足，更无去求，不须假借。然其发见流行处，却自有轻重厚薄毫发不容增减者，所谓"天然自有之中"也。虽则轻重厚薄毫发不容增减，而原又只是一个。虽则只是一个，而其间轻重厚薄又毫发不容增减。若可得增减，若须假借，即已非其真诚恻怛之本体矣。此良知之妙用，所以无方体，无穷尽，"语大天下莫能载，语小天下莫能破"者也。

（五十七）

先生曰："耳、目、口、鼻、四肢，身也，非心安能视、听、言、动？心欲视、听、言、动，无耳、目、口、鼻、四肢亦不能。故无心则无身，无身则无心。但指其充塞处言之谓之身，指其主宰处言之谓之心，指心之发动处谓之意，指意之灵明处谓之知，指意之涉着处谓之物，只是一件。意未有悬空的，必着事物，故欲诚意，则随意所在某事而格之，去其人欲而归于理，则良知之在此事者，无蔽而得致矣。此便是'诚意'的功夫。"

（五十八）

九川问："近年因厌泛滥之学，每要静坐，求屏息念虑，非惟不能，愈觉扰扰。如何？"

先生曰："念如何可息？只是要正。"

曰："当自有无念时否？"

先生曰："实无无念时。"

曰："如此却如何言静？"

曰："静未尝不动，动未尝不静。戒谨恐惧即是念，何分动静？"

曰："周子何以言'定之以中正仁义而主静'？"

曰:"无欲故静,是'静亦定,动亦定'的'定'字。主其本体也。戒惧之念是活泼地,此是天机不息处,所谓'维天之命,於穆不已'。一息便是死,非本体之念即是私念。"

(五十九)

又问:"静坐用功,颇觉此心收敛,遇事又断了。旋起个念头,去事上省察。事过又寻旧功,还觉有内外,打不作一片。"

先生曰:"此'格物'之说未透。心何尝有内外?即如惟浚,今在此讲论,又岂有一心在内照管?这听讲说时专敬,即是那静坐时心。功夫一贯,何须更起念头?人须在事上磨炼,做功夫乃有益。若只好静,遇事便乱,终无长进。那静时功夫亦差,似收敛,而实放溺也。"

后在洪都,复与于中、国裳论内外之说。渠皆云:"物自有内外,但要内外并着功夫,不可有间耳。"以质先生。

曰:"功夫不离本体,本体原无内外。只为后来做功夫的分了内外,先其本体了,如今正要讲明,功夫不要有内外,乃是本体功夫。"

(六十)

尔那一点良知,是尔自家底准则。尔意念着处,他是便知是,非便知非,更瞒他一些不得。尔只不要欺他,实实落落依着他做去,善便存,恶便去。他这里何等稳当快乐。

(六十一)

在虔,与于中、谦之同侍。先生曰:"人胸中各有个圣人,只自信不及,都自埋倒了。"因顾于中曰:"尔胸中原是圣人。"

于中起,不敢当。

先生曰:"此是尔自家有的,如何要推?"

于中又曰:"不敢。"

先生曰："众人皆有之，况在于中？却何故谦起来？谦亦不得。"

于中乃笑受。

又论："良知在人，随你如何不能泯灭，虽盗贼亦自知不当为盗，唤他做贼，他还忸怩。"

于中曰："只是物欲遮蔽，良心在内，自不会失，如云自蔽日，日何尝失了？"

先生曰："于中如此聪明，他人见不及此。"

（六十二）

人若知这良心诀窍，随他多少邪思枉念，这里一觉，都自消融。真个是灵丹一粒，点铁成金。

（六十三）

知来本无知，觉来本无觉，然不知则遂沦埋。

（六十四）

与朋友论学，须委曲谦下，宽以居之。

（六十五）

常快活，便是功夫。

（六十六）

先生曰："人心是天渊。心之本体，无所不该，原是一个天。只为私欲障碍，则天之本体失了。心之理无穷尽，原是一个渊，只为私欲窒塞，则渊之本体失了。如今念念致良知，将此障碍窒塞一齐去尽，则本体已复，便是天渊了。"

乃指天以示之曰："比如面前见天，是昭昭之天；四外见天，也只是昭昭之天，只为许多房子墙壁遮蔽，便不见天之全体，若撤去房子墙壁，总是一个天矣。不可道眼前天是昭昭之天，外面又不是昭昭之天也。于此便见一节之知即全体之知，全体之知即一节之知，总是一个本体。"

（六十七）

我辈致知，只是各随分限所及。今日良知见在如此，只随今日所知扩充到底；明日良知又有开悟，便从明日所知扩充到底。如此方是精一功夫。

（六十八）

问"知行合一"。

先生曰："此须识我立言宗旨。今人学问，只因知行分作两件，故有一念发动，虽是不善，然却未曾行，便不去禁止。我今说个知行合一，正要人晓得一念发动处便即是行了。发动处有不善，就将这不善的念克倒了。须要彻根彻底，不使那一念不善潜伏在胸中。此是我立言宗旨。"

（六十九）

门人在座，有动止甚矜持者。先生曰："人若矜持太过，终是有弊。"

曰："矜持太过，如何有弊？"

曰："人只有许多精神，若专在容貌上用功，则于中心照管不及者多矣。"

有太直率者。先生曰："如今讲此学，却外面全不检束，又分心与事为二矣。"

（七十）

凡作文字要随我分限所及。若说得太过了，亦非修辞立诚矣。

（七十一）

问："'生之谓性'，告子亦说得是，孟子如何非之？"

 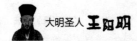

先生曰："固是性，但告子认得一边去了，不晓得头脑。若晓得头脑，如此说亦是。孟子亦曰'形色，天性也'，这也是指气说。"

又曰："凡人信口说，任意行，皆说此是依我心性出来，此是所谓生之谓性。然却要有过差。若晓得头脑，依吾良知上说出来，行将去，便自是停当。然良知亦只是这口说，这身行，岂能得外气，别有个去行去说？故曰：'论性不论气不备，论气不论性不明。'气亦性也，性亦气也，但须认得头脑是当。"

（七十二）

一友问："读书不记得如何？"先生曰："只要晓得，如何要记得？要晓得已是落第二义了，只要明得自家本体。若徒要记得，便不晓得；若徒要晓得，便明不得自家的本体。"

（七十三）

良知是造化的精灵。这些精灵，生天生地，成鬼成帝，皆从此出，真是与物无对。人若复得他完完全全，无少亏欠，自不觉手舞足蹈，不知天地间更有何乐可代。

（七十四）

故迩来只说致良知。良知明白，随你去静处体悟也好。随你去事上磨炼也好，良知本体原是无动无静的。此便是学问头脑。

（七十五）

一友问："功夫欲得此知时时接续，一切应感处反觉照管不及，若去事上周旋，又觉不见了。如何则可？"

先生曰："此只认良知未真，尚有内外之间。我这里功夫不由人急心，认得良知头脑是当，去朴实用功，自会透彻。到此便是内外两忘，又何心事不合一。"

（七十六）

良知之虚，便是天之太虚。良知之无，便是太虚之无形。日、月、风、雷、山、川、民、物，凡有貌象形色，皆在太虚无形中发用流行。未尝作得天的障碍。圣人只是顺其良知之发用，天地万物俱在我良知的发用流行中，何尝又有一物超于良知之外，能作得障碍？

（七十七）

吾儒养心未尝离却事物，只顺其天则自然就是功夫。

（七十八）

或问异端。

先生曰："与愚夫愚妇同的，是谓同德；与愚夫愚妇异的，是谓异端。"

（七十九）

朱本思问："人有虚灵，方有良知。若草木瓦石之类，亦有良知否？"

先生曰："人的良知，就是草木瓦石的良知。若草木瓦石无人的良知，不可以为草木瓦石矣。岂惟草木瓦石为然？天地无人的良知，亦不可为天地矣。盖天地万物与人原是一体。其发窍之最精处，是人心一点灵明，风雨露雷，日月星辰，禽兽草木，山川土石，与人原只一体，故五谷禽兽之类皆可以养人，药石之类皆可以疗疾。只为同此一气，故能相通耳。"

（八十）

先生游南镇，一友指岩中花树问曰："天下无心外之物。如此花树，在深山中自开自落，于我心亦何相关？"

先生曰："你未看此花时，此花与汝心同归于寂。你来看此花时，则此花颜色一时明白起来。便知此花不在你的心外。"

（八十一）

问："大人与物同体，如何《大学》又说个厚薄？"

先生曰："惟是道理自有厚薄。比如身是一体，把手足捍头目，岂是偏要薄手足？其道理合如此。禽兽与草木同是爱的，把草木去养禽兽，心又忍得？人与禽兽同是爱的，宰禽兽以养亲，与供祭祀，燕宾客，心又忍得？至亲与路人同是爱的，如箪食豆羹，得则生，不得则死，不能两全，宁救至亲，不救路人，心又忍得？这是道理合该如此。及至吾身与至亲，更不得分别彼此厚薄。盖以仁民爱物皆从此出，此处可忍，更无所不忍矣。《大学》所谓厚薄，是良知上自然的条理，不可逾越，此便谓之义；顺这个条理，便谓之礼；知此条理，便谓之智；终始是这个条理，便谓之信。"

（八十二）

良知无前后，只知得见在的几，便是一了百了。

（八十三）

无知无不知，本体原是如此。譬如日未尝有心照物，而自无物不照。无照无不照，原是日的本体。良知本无知，今却要有知；本无不知，今却疑有不知。只是信不及耳。

（八十四）

"良知只是个是非之心，是非只是个好恶。只好恶就尽了是非，只是非就尽了万事万变。"

又曰："是非两字是个大规矩，巧处则存乎其人。"

（八十五）

七情顺其自然之流行，皆是良知之用，不可分别善恶，但不可有所着。七情有着，俱谓之欲，俱为良知之蔽。然才有着时，良知亦自会觉，觉即蔽去，复其体矣。此处能勘得破，方是简易透彻功夫。

（八十六）

问："良知一而已。文王作《彖》，周公系《爻》，孔子赞《易》，何以各自看理不同？"

先生曰："圣人何能拘得死格？大要出于良知同，便各为说，何害？且如一园竹，只要同此枝节，便是大同。若拘定枝枝节节，都要高下大小一样，便非造化妙手矣。汝辈只要去培养良知。良知同，更不妨有异处。汝辈若不肯用功，连笋也不曾抽得，何处去论枝节？"

（八十七）

先生曰："孔子有鄙夫来问，未尝先有知识以应之。其心只空空而已。但叩他自知的是非两端，与之一剖决，鄙夫之心便已了然。鄙夫自知的是非，便是他本来天则。虽圣人聪明，如何可与增减得一毫？他只不能自信。夫子与之一剖决，便已竭尽无余了。若夫子与鄙夫言时，留得些子知识在，便是不能竭他的良知，道体即有二了。"

（八十八）

问："古人论性，各有异同，何者乃为定论？"

先生曰："性无定体，论亦无定体，有自本体上说者，有自发用上说者，有自源头上说者，有自流弊处说者。总而言之，只是这个性，但所见有浅深尔。若执定一边，便不是了。性之本体，原是无善、无恶的，发用上也原是可以为善、可以为不善的，其流弊也原是一定善、一定恶的。譬如眼，有喜时的眼，有怒时的眼，直视就是看的眼，微视就是觑的眼。总而言之，只是这个眼，若见得怒时眼，就说未尝有喜的眼；见得看时眼，就说未尝有觑的眼，皆是执定，就知是错。孟子说性，直从源头上说来，亦是说个大概如此。荀子性恶之说，是从流弊上来，也未可尽说他不是。只是见得未精耳。众人

大明圣人王阳明

则失了心之本体。"

问："孟子从源头上说性，要人用功在源头上明彻。荀子从流弊说性，功夫只在末流上救正，便费力了。"

先生曰："然。"

（八十九）

薛尚谦、邹谦之、马子莘、王汝止侍坐，因叹先生自征宁藩已来，天下谤议益众，请各言其故。有言先生功业势位日隆，天下忌之者日众；有言先生之学日明，故为宋儒争是非者亦日博；有言先生自南都以后，同志信从者日众，而四方排阻者日益力。

先生曰："诸君之言，信皆有之。但吾一段自知处，诸君俱未道及耳。"

诸友请问。

先生曰："我在南都已前，尚有些子乡愿的意思在。我今信得这良知真是真非，信手行去，更不着些覆藏。我今才做得个狂者的胸次，使天下之人都说我行不掩言也罢。"

尚谦出，曰："信得此过，方是圣人的真血脉。"

（九十）

先生曰："先儒解格物为格天下之物，天下之物如何格得？且谓'一草一木亦皆有理'，今如何去格？纵格得草木来，如何反来诚得自家意？我解'格'作'正'字义，'物'作'事'字义，《大学》之所谓身，即耳、目、口、鼻、四肢是也。欲修身，便是要目非礼勿视，耳非礼勿听，口非礼勿言，四肢非礼勿动。要修这个身，身上如何用得功夫？心者身之主宰，目虽视，而所以视者心也；耳虽听，而所以听者心也；口与四肢虽言动，而所以言动者心也。故欲修身在于体当自家心体，常令廓然大公，无有些子不正处。主宰一正，则发窍于目，自无非礼之视；发窍于耳，自无非礼之听；发窍于口与四肢，自无非礼之言动。此便是修身在正其心。然至善者，心之本体也。

心之本体那有不善？如今要正心，本体上何处用得工？必就心之发动处才可着力也。心之发动不能无不善，故须就此处着力，便是在诚意。如一念发在好善上，便实实落落去好善；一念发在恶恶上，便实实落落去恶恶。意之所发，既无不诚，则其本体如何有不正的？故欲正其心在诚意。工夫到诚意，始有着落处。然诚意之本，又在于致知也。所谓'人虽不知而己所独知'者，此正是吾心良知处。然知得善，却不依这个良知便做去；知得不善，却不依这个良知便不去做。则这个良知便遮蔽了，是不能致知也。吾心良知既不得扩充到底，则善虽知好，不能着实好了；恶虽知恶，不能着实恶了，如何得意诚？故致知者，意诚之本也。然亦不是悬空的致知，致知在实事上格。如意在于为善，便就这件事上去为；意在于去恶，便就这件事上去不为。去恶固是格不正以归于正，为善则不善正了，亦是格不正归于正也。如此，则吾心良知无私欲蔽了，得以致其极，而意之所发，好善去恶，无有不诚矣。诚意工夫实下手处在格物也。若如此格物，人人便做得，'人皆可以为尧舜'，正在此也。"

（九十一）

门人有言邵端峰论童子不能格物，只教以洒扫、应对之说。

先生曰："洒扫、应对就是一件物。童子良知只到此，便教去洒扫、应对，就是致他这一点良知了。又如童子知畏先生长者，此亦是他良知处。故虽嬉戏中，见了先生长者，便去作揖恭敬，是他能格物以致敬师长之良知了。童子自有童子的格物致知。"

又曰："我这里言格物，自童子以至圣人，皆是此等工夫。但圣人格物，便更熟得些子，不消费力。如此格物，虽卖柴人亦是做得，虽公卿大夫以至天子，皆是如此做。"

（九十二）

或疑知行不合一，以"知之匪艰"二句为问。

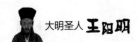
大明圣人王阳明

先生曰："良知自知，原是容易的。只是不能致那良知，便是'知之匪艰，行之惟艰'。"

（九十三）

又问："圣贤言语许多，如何却要打做一个？"

曰："我不是要打做一个，如曰'夫道，一而已矣'，又曰'其为物不二，则其生物不测'，天地圣人皆是一个，如何二得？"

（九十四）

心不是一块血肉，凡知觉处便是心。如耳目之知视听，手足之知痛痒。此知觉便是心也。

（九十五）

天地间活泼泼地，无非此理，便是吾良知的流行不息。致良知便是必有事的工夫。此理非惟不可离，实亦不得而离也。无往而非道，无往而非工夫。

（九十六）

先生尝语学者曰："心体上着不得一念留滞，就如眼着不得些子尘沙。些子能得几多？满眼便昏天黑地了。"

又曰："这一念不但是私念，便好的念头亦着不得些子。如眼中放些金玉屑，眼亦开不得了。"

（九十七）

先生曰："你看这个天地中间，甚么是天地的心？"

对曰："尝闻人是天地的心。"

曰："人又甚么教做心？"

对曰："只是一个灵明。"

"可知充天塞地中间，只有这个灵明。人只为形体自间隔了。我的灵明，便是天地鬼神的主宰。天没有我的灵明，谁去仰他高？地没有我的灵明，谁去俯他深？鬼神没有我的灵明，谁去辩他吉凶灾祥？天地鬼神万物，离却我的灵明，便没有天地鬼神万物了。我的灵明，离却天地鬼神万物，亦没有我的灵明。如此，便是一气流通的，如何与他间隔得？"

又问："天地鬼神万物，千古见在，何没了我的灵明，便俱无了？"

曰："今看死的人，他这些精灵游散了，他的天地万物尚在何处？"

（九十八）

先生起行征思田，德洪与汝中追送严滩。汝中举佛家实相幻相之说。

先生曰："有心俱是实，无心俱是幻。无心俱是实，有心俱是幻。"

汝中曰："有心俱是实，无心俱是幻，是本体上说工夫；无心俱是实，有心俱是幻，是工夫上说本体。"先生然其言。

洪于是时尚未了达，数年用功，始信本体工夫合一。但先生是时因问偶谈，若吾儒指点人处，不必借此立言耳。

（九十九）

人生大病，只是一傲字。

（一百）

诸君常要体此。人心本是天然之理，精精明明，无纤介染着，只是一无我而已。